Curso

La diferencia entre aprobar y sacar plaza

AF212412

Higienista Dental

SERVICIO DE SALUD DEL PRINCIPADO DE ASTURIAS

Si aún no dispones de tu **Curso MAD360**, te ofrecemos un acceso GRATIS de 30 días para que disfrutes de los siguientes recursos:

- Técnicas de Memoria 360.
- MADTEST: Test *online* Nivel PRO.
- Temario en formato digital.
- Planificación de estudio.
- Foro entre opositores hasta la fecha del examen.*
- Recursos y novedades exclusivas.
- Consúltanos sobre tu oposición y proceso selectivo.
- Actualizaciones legislativas (Boletines Oficiales) hasta 60 días antes de la fecha del examen.*

Para acceder a esta prueba del Curso MAD360** será necesaria la compra de todos los libros para esta especialidad de la edición 2025.

Regístrate en **mad.es/iniciar-sesion** y en la pestaña BIBLIOTECA valida los códigos que encuentras en la última página de tus libros.

NOTA IMPORTANTE:

* Examen de esta categoría profesional correspondiente a la convocatoria publicada en el BOPA núm. 90, de 13 de mayo de 2025, o hasta el 31 de julio de 2026, lo que se cumpla antes, y previa renovación del servicio.

** El acceso al CURSO MAD360 estará disponible desde julio de 2025 (algunos recursos podrían estar disponibles en fecha posterior). Tendrá una duración de 30 días RENOVABLES mediante pago, desde la validación de códigos, o hasta el 31 de enero de 2027, lo que se cumpla antes.

MAD se reserva el derecho a ampliar dichas fechas.

Higienista Dental del Servicio de Salud del Principado de Asturias

Higienista Dental del Servicio de Salud del Principado de Asturias

Test del Temario

Autores

JUAN MANUEL GIL RAMOS
Licenciado en Medicina. Master en Salud Ambiental.
Profesor de Procesos Diagnósticos Clínicos y Productos Ortoprotésicos

FRANCISCO JESÚS TORRES FONSECA
Licenciado en Derecho

DOMINGO GÓMEZ MARTÍNEZ
Licenciado en Derecho
Técnico de Función Administrativa

ELENA GARCÍA FERNÁNDEZ
Licenciada en Derecho

HERMINIA ANDRADES ROMERO
Diplomada en Fisioterapia. Técnico Superior en Imagen para el Diagnóstico.
Profesora de Procedimientos de Diagnósticos Clínicos y Productos Ortoprotésicos

JOSÉ LUIS GARRIDO VELA
Licenciado en Derecho

JUAN CARLOS USERO LÓPEZ
Licenciado en Derecho

TERESA MARÍA TORRES FONSECA
Licenciada en Derecho

© 7 Editores Recursos para la Cualificación Profesional y el Empleo, S.L. (7 Editores)
© Los autores
Primera edición, julio 2025 (250 páginas)
Derechos de edición reservados a favor de 7 Editores
IMPRESO EN ESPAÑA
Diseño Portada: 7 Editores
Edita: 7 Editores
Avda. San Francisco Javier, 9 · Edificio Sevilla 2 · Planta 11 · Módulos 25-27 · 41018 Sevilla
Teléfono: 954 784 411 · WEB: www.mad.es · e-mail: administracion@7editores.com
ISBN: 978-84-142-9647-9
© "Editorial Mad" y "Eduforma" son nombres comerciales registrados de
7 Editores Recursos para la Cualificación Profesional y el Empleo, S.L.

Índice

PARTE ESPECÍFICA

PARTE COMÚN

TEST N.º 1

La Constitución Española de 1978: El derecho a la protección de la salud en la Constitución. Estatuto de Autonomía del Principado de Asturias: Título Preliminar: de los órganos institucionales del Principado de Asturias (Título II)

1. ¿En qué parte de la Carta Magna se establece la exposición de motivos que impulsan la norma constitucional y los objetivos que con ella se pretenden alcanzar?

a) En el Título Preliminar.
b) En el Preámbulo.
c) En el Título I.
d) En el Título II.

2. La Constitución Española fue sancionada por:

a) El Rey.
b) El Presidente del Congreso.
c) Las Cortes Generales.
d) El Presidente del Gobierno.

3. ¿Cuáles de los siguientes españoles de origen pueden ser privados de su nacionalidad?

a) Exclusivamente los miembros de grupos terroristas.
b) Los miembros de grupos terroristas y los que atenten contra el Rey u otro miembro de la Casa Real.
c) Los que atenten contra un miembro de la Familia Real o del Gobierno de la Nación.
d) Ningún español de origen podrá ser privado de su nacionalidad.

4. Según la CE son fundamentos del orden político y la paz social:

a) La dignidad de la persona, los derechos violables que les son inherentes y el respeto a la ley.
b) La dignidad de la persona, el desarrollo limitado de la personalidad y el respeto a la ley.
c) El respeto a la ley, a los reglamentos administrativos y demás disposiciones legales.
d) La dignidad de la persona, los derechos inviolables que le son inherentes, el libre desarrollo de su personalidad, el respeto a la ley y a los derechos de los demás.

5. ¿Cuál de los siguientes es considerado por la CE como uno de los valores superiores del ordenamiento jurídico?

a) La jerarquía normativa.
b) El pluralismo político.
c) La publicidad normativa.
d) La equidad.

6. La forma política del Estado español es:

a) Democracia parlamentaria.
b) Gobierno parlamentario.
c) Monarquía parlamentaria.
d) República democrática.

7. La parte de la CE que regula la estructura de los principales órganos del Estado recibe el nombre de:

a) Parte dogmática.
b) Parte orgánica.
c) Parte estatal.
d) Parte estructural.

8. Según la CE, la soberanía nacional:

a) Corresponde a las Cortes Generales, al estar compuestas por los representantes del pueblo.
b) Corresponde al Rey.
c) Reside en el pueblo español.
d) Corresponde al Gobierno de la Nación elegido directamente por el pueblo.

9. El derecho a la propiedad en nuestra Constitución es un Derecho:

a) Inherente a la condición humana.
b) Absoluto.
c) Limitado por la función social de la misma.
d) Ninguna de las respuestas anteriores es correcta.

10. ¿En qué parte de la Carta Magna se señalan los valores superiores del ordenamiento jurídico?

a) En el Preámbulo.
b) En el Título Preliminar.
c) En el Título I.
d) Ninguna respuesta es correcta.

11. La Comunidad Autónoma del Principado de Asturias se constituyó a través de la vía:

a) Del artículo 151 CE.
b) Del artículo 155 CE.
c) De la Ley Orgánica 1/99.
d) Del artículo 143 CE.

12. Indica la respuesta correcta respecto a las siguientes afirmaciones que se regulan en el Estatuto de Autonomía del Principado de Asturias:

a) El término del Concejo coincide con la tradicional Parroquia rural.
b) Todas las instituciones oficiales del Principado de Asturias se encuentran en Oviedo.
c) El himno de la Comunidad Autónoma del Principado de Asturias es la canción "Asturias, Patria querida".
d) El Bable es el idioma oficial del Principado de Asturias.

13. El municipio asturiano coincide con la denominación tradicional de:

a) Parroquia.
b) Área metropolitana.
c) Comarca.
d) Concejo.

14. Según el Estatuto de Autonomía de Asturias, gozan de la condición política de asturianos:

a) Cualquiera que tenga vecindad en alguno de los Concejos de Asturias.
b) Los nacidos en Asturias, cualquiera que sea el lugar donde residan.
c) Los ciudadanos españoles que tengan vecindad administrativa en el territorio de la Comunidad.
d) Quienes hayan nacido en Asturias y acrediten esta condición en cualquier Administración Pública de España.

15. Conforme al Estatuto de Autonomía del Principado de Asturias, las disposiciones del Consejo de Gobierno que contienen legislación delegada reciben el título de:

a) Decretos legislativos.
b) Decretos Leyes.
c) Leyes orgánicas.
d) Reglamentos.

16. La Junta General del Principado de Asturias podrá delegar en el Consejo de Gobierno la potestad de:

a) Aprobar las leyes presupuestarias.
b) Dictar leyes y Acuerdos, siempre que estos requieran para su aprobación de mayoría cualificada.

c) Dictar Acuerdos pero no leyes.
d) Dictar normas con rango de ley.

17. La delegación legislativa que realice la Junta General del Principado de Asturias será siempre en favor de:

a) Su Consejo de Gobierno.
b) Su Presidente.
c) Cualquier autoridad de la Comunidad Autónoma.
d) Cualquiera de los miembros que la componen.

18. Según el Estatuto de Autonomía de Asturias, la delegación legislativa cuyo objeto sea la formación de textos articulados deberá otorgarse mediante:

a) Decreto legislativo.
b) Ley de bases.
c) Ley ordinaria.
d) Cualquier disposición, sin forma concreta.

19. Y cuando la delegación legislativa trate de refundir varios textos legales en uno solo, se hará mediante:

a) Acuerdo.
b) Ley de bases.
c) Ley ordinaria.
d) Decreto legislativo.

20. La facultad para oponerse a la tramitación por la Junta General del Principado de Asturias de una proposición de ley o una enmienda contraria a una delegación legislativa en vigor, corresponde:

a) Al Presidente del Principado de Asturias.
b) Al Consejo de Gobierno.
c) A la Junta de Gobierno.
d) Al Presidente y a la Junta de Gobierno, según los casos.

En MADTEST tienes **más preguntas de este tema**, y todos tus avances quedan registrados y se reflejan en el ranking.

¡Supera tus límites con MADTEST!

Solución al test n.º 1

1. b) En el Preámbulo.

2. a) El Rey.

3. d) Ningún español de origen podrá ser privado de su nacionalidad.

4. d) La dignidad de la persona, los derechos inviolables que le son inherentes, el libre desarrollo de su personalidad, el respeto a la ley y a los derechos de los demás.

5. b) El pluralismo político.

6. c) Monarquía parlamentaria.

7. b) Parte orgánica.

8. c) Reside en el pueblo español.

9. c) Limitado por la función social de la misma.

10. b) En el Título Preliminar.

11. d) Del artículo 143 CE.

12. c) El himno de la Comunidad Autónoma del Principado de Asturias es la canción "Asturias, Patria querida".

13. d) Concejo.

14. c) Los ciudadanos españoles que tengan vecindad administrativa en el territorio de la Comunidad.

15. a) Decretos legislativos.

16. d) Dictar normas con rango de ley.

17. a) Su Consejo de Gobierno.

18. b) Ley de bases.

19. c) Ley ordinaria.

20. b) Al Consejo de Gobierno.

TEST N.º 2

Ley 14/1986, de 25 de abril, General de Sanidad. Principios generales, estructura y contenido. Ley 41/2002, de 14 de noviembre, de la Autonomía del paciente: derechos y obligaciones en materia de información y documentación clínica. El secreto profesional: concepto y regulación jurídica. El consentimiento informado. Derechos y deberes de los ciudadanos en el Sistema de Salud

1. ¿De cuántos Títulos consta la Ley General de Sanidad?

a) Cuatro.
b) Cinco.
c) Seis.
d) Siete.

2. ¿En qué Título de la Ley General de Sanidad, se regula la estructura del sistema sanitario público?

a) Título I.
b) Título II.
c) Título III.
d) Título IV.

3. Las Áreas de Salud serán dirigidas por un órgano propio, donde deberán participar las Corporaciones Locales en ellas situadas, con una representación no inferior al:

a) 20 %.
b) 30 %.
c) 40 %.
d) 50 %.

4. Los Consejos de Salud de Área estarán constituidos por organizaciones sindicales más representativas, en una proporción no inferior al:

a) 25 %.
b) 30 %.

c) 40 %.
d) 50 %.

5. Entre las características fundamentales del Sistema Nacional de Salud, no se encuentra:

a) La extensión de sus servicios a toda la población.
b) La coordinación y, en su caso, la integración de todos los recursos sanitarios públicos en tres dispositivos únicos (estatal, autonómico y local).
c) La prestación de una atención integral de la salud procurando altos niveles de calidad debidamente evaluados y controlados.
d) Todas son correctas.

6. ¿En cuántos niveles organizativos se divide el sistema sanitario español?

a) Tres: central, autonómico y áreas de salud.
b) Dos: central y autonómico.
c) Central, del que derivan el autonómico y local.
d) Únicamente el central.

7. Para la delimitación de las zonas básicas no deberá tenerse en cuenta:

a) El grado de concentración o dispersión de la población.
b) Las características epidemiológicas de la zona.
c) Las instalaciones y recursos sanitarios de la zona.
d) Las distancias mínimas de las agrupaciones de población más cercanas de los servicios y el tiempo normal a invertir en su recorrido usando los medios ordinarios.

8. El Título II de la Ley General de Sanidad, regula:

a) El sistema de salud.
b) La estructura del sistema sanitario público.
c) Las actividades sanitarias privadas.
d) Ninguna es correcta.

9. Las acciones de coordinación y cooperación de las Administraciones Públicas sanitarias, no comprenderán:

a) Las prestaciones sanitarias.
b) La farmacia.
c) Los profesionales.
d) La salud privada.

10. ¿Cuál de las siguientes no es una característica del modelo establecido por la Ley General de Sanidad?

a) Descentralización.
b) Atención Primaria.

c) Gratuidad.
d) Participación de la Comunidad.

11. La Ley de Autonomía del Paciente establece la obligatoriedad de obtener el consentimiento informado del paciente:

a) Solo en los casos de intervención quirúrgica.
b) Solo en los casos de aplicación de procedimientos que supongan grandes riesgos o inconvenientes de notoria repercusión negativa sobre su salud.
c) Para toda actuación en el ámbito de su salud.
d) La Ley no establece esta obligación.

12. Tal y como establece la Ley 41/2002, de Autonomía del Paciente, en caso de que el paciente no acepte el tratamiento se le propondrá que firme el alta voluntaria y si no la firma la Dirección del Centro:

a) Puede disponer el alta forzosa.
b) Firmará en su nombre el alta involuntaria.
c) Mantendrá el ingreso por periodo mínimo de cinco días naturales.
d) No está reconocida la negativa al tratamiento de los pacientes.

13. El derecho del paciente a no ser informado:

a) No está reconocido por la ley.
b) Podrá restringirse en cualquier momento.
c) Podrá restringirse cuando sea estrictamente necesario en beneficio del paciente.
d) Solo podrá ejercitarse si el paciente designa a un familiar o a otra persona a la que se le facilite la información.

14. El reconocimiento legal de que se respeten los deseos expresados anteriormente en el documento de instrucciones previas es una manifestación del derecho:

a) A la información sanitaria.
b) A la segunda opinión.
c) A la autonomía del paciente.
d) A la información post-mortem.

15. Indique la proposición incorrecta en relación con los requisitos del consentimiento:

a) Debe ser libre.
b) Debe ser voluntario.
c) La decisión de consentir debe anteceder a una información adecuada.
d) La persona que lo presta debe tener capacidad para conocer, comprender y querer el alcance de su decisión.

16. La Ley 41/2002, de Autonomía del paciente, establece que, como regla general, el consentimiento se manifestará en forma:

a) Verbal.
b) Escrita.
c) Documental.
d) Ante testigos.

17. Según establece la Ley 41/2002, de Autonomía del paciente, el paciente o usuario tiene derecho a decidir libremente entre las opciones clínicas disponibles después de recibir:

a) Información completa.
b) Información adecuada.
c) Información documental.
d) Información escrita.

18. La renuncia del paciente a recibir información:

a) No se reconoce por la ley.
b) Está limitada por el interés de la salud del propio paciente.
c) No está limitada por el interés de la salud de terceros.
d) Ninguna de las anteriores es correcta.

19. Según establece la Ley 41/2002, de Autonomía del paciente, ha de constar siempre por escrito:

a) La información al paciente.
b) El consentimiento informado.
c) La aceptación del tratamiento.
d) La negativa al tratamiento.

20. En la legislación sanitaria española, el consentimiento escrito del paciente:

a) Es una exigencia legal.
b) Es conveniente.
c) Es obligatorio en determinados supuestos.
d) No es necesario.

En MADTEST tienes **más preguntas de este tema**, y todos tus avances quedan registrados y se reflejan en el ranking.

¡Supera tus límites con MADTEST!

Solución al test n.º 2

1. d) Siete.

2. c) Título III.

3. c) 40 %.

4. a) 25 %.

5. b) La coordinación y, en su caso, la integración de todos los recursos sanitarios públicos en tres dispositivos únicos (estatal, autonómico y local).

6. a) Tres: central, autonómico y áreas de salud.

7. d) Las distancias mínimas de las agrupaciones de población más cercanas de los servicios y el tiempo normal a invertir en su recorrido usando los medios ordinarios.

8. d) Ninguna es correcta.

9. d) La salud privada

10. c) Gratuidad.

11. c) Para toda actuación en el ámbito de su salud.

12. a) Puede disponer el alta forzosa.

13. c) Podrá restringirse cuando sea estrictamente necesario en beneficio del paciente.

14. c) A la autonomía del paciente.

15. c) La decisión de consentir debe anteceder a una información adecuada.

16. a) Verbal.

17. b) Información adecuada.

18. b) Está limitada por el interés de la salud del propio paciente.

19. d) La negativa al tratamiento.

20. c) Es obligatorio en determinados supuestos.

TEST N.º 3

Ley 16/2003, de 28 de mayo, de Cohesión y Calidad del Sistema Nacional de Salud: principios generales, derechos de los ciudadanos y prestaciones del Sistema Nacional de Salud. El Consejo Interterritorial: Objeto, composición y funciones. Sistemas de información sanitaria. Ley 44/2003, de 21 de noviembre, de Ordenación de las Profesiones Sanitarias: Ámbito de aplicación. El ejercicio de las profesiones sanitarias. Profesiones sanitarias tituladas y profesionales del área sanitaria profesional. Formación especializada en Ciencias de la Salud

1. ¿Quién realiza las acciones de coordinación y cooperación de las Administraciones Públicas sanitarias?

a) El Consejo Interterritorial.
b) La Alta Inspección.
c) Son correctas las opciones a y b.
d) Ninguna es correcta.

2. Las acciones de coordinación y cooperación de las Administraciones Públicas sanitarias, no comprenderán:

a) Las prestaciones sanitarias.
b) La farmacia.
c) Los profesionales.
d) La salud privada.

3. La cohesión y calidad del Sistema Nacional de Salud, se aprobó por ley, en el año:

a) 2002.
b) 2003.
c) 2004.
d) 2005.

4. ¿De cuántos Capítulos consta la Ley de Cohesión y Calidad del Sistema Nacional de Salud?

a) Once.
b) Diez.
c) Nueve.
d) Ocho.

5. ¿Al amparo de qué artículo de la Constitución se dicta la Ley de Cohesión y Calidad del Sistema Nacional de Salud?

a) 143.
b) 141.
c) 149.
d) Ninguna es correcta.

6. ¿Qué título de la Ley 44/2003, de 21 de noviembre, de ordenación de las profesiones sanitarias, regula el desarrollo profesional y su reconocimiento?

a) El título II.
b) El título III.
c) El título IV.
d) El título V.

7. ¿Qué título de la Ley 44/2003, de 21 de noviembre, de ordenación de las profesiones sanitarias, regula el ejercicio profesional en el ámbito privado?

a) El título II.
b) El título III.
c) El título IV.
d) El título V.

8. Señalar la opción incorrecta. El objeto de la Ley 44/2003 es regular los aspectos básicos de las profesiones sanitarias tituladas en lo que se refiere a:

a) La participación de los profesionales en la planificación y ordenación de las profesiones sanitarias.
b) Su ejercicio por cuenta propia o ajena.
c) La estructura general de la formación de los profesionales.
d) El acceso de los profesionales a la sanidad pública.

9. Las disposiciones de la Ley 44/2003 son aplicables:

a) Solo a los profesionales que ejercen en los servicios sanitarios públicos.
b) Tanto si la profesión se ejerce en los servicios sanitarios públicos como en el ámbito de la sanidad privada.

c) Solo a los profesionales que ejerzan en el ámbito de la sanidad privada.

d) A los profesionales que ejercen en los servicios sanitarios públicos y a los que ejerzan en el ámbito de la sanidad privada por cuenta ajena; pero no a los que ejerzan en la sanidad privada por cuenta propia.

10. El artículo 2.º núm. 2-A) de la Ley 44/2003, de 21 de noviembre de Ordenación de las Profesiones Sanitarias, define como profesiones sanitarias de nivel de Licenciado universitario las siguientes:

a) Licenciados en Medicina, en Farmacia, en Odontología, y los licenciados especialistas en Ciencias de la Salud.

b) Licenciados en Medicina, en Farmacia, en Odontología, en Veterinaria, y los licenciados especialistas en Ciencias de la Salud.

c) Licenciados en Medicina, en Farmacia, en Veterinaria, y los licenciados especialistas en Ciencias de la Salud.

d) Licenciados en Medicina, en Farmacia, en Odontología, Psicólogos Clínicos, y los licenciados especialistas en Ciencias de la Salud.

11. Se podrá declarar formalmente el carácter de profesión sanitaria, titulada y regulada, de una determinada actividad no prevista en el artículo 2.º de la Ley 44/2003, mediante:

a) Una norma con rango de ley.

b) Real Decreto.

c) Orden del Ministerio de Sanidad.

d) Orden del Ministerio de Educación.

12. Los profesionales del área sanitaria de formación profesional se estructuran en los siguientes grupos:

a) Grupo I, Grupo II y Grupo III.

b) Nivel 1 y Nivel 2.

c) Grado Superior y Grado Medio.

d) Grupo A1, Grupo A2 y Grupo C1.

13. Los profesionales sanitarios a lo largo de su vida profesional deberán:

a) Acreditar su servicio a la sociedad.

b) Dedicar parte de su vida profesional a la investigación.

c) Realizar una formación continuada.

d) Certificar conocimientos de las últimas técnicas y procedimientos de su especialidad.

14. Es un principio general del ejercicio de las profesiones sanitarias:

a) La amplia autonomía técnica y científica.

b) La participación pasiva.

c) La conveniencia de la posesión de un título oficial.

d) El libre ejercicio de la profesión.

15. Señalar la opción incorrecta en relación al ejercicio de la profesión sanitaria:

a) Existirá formalización escrita de su trabajo reflejada en una historia clínica que deberá ser común para cada centro y única para cada paciente atendido en él.

b) La eficacia organizativa de los servicios, secciones y equipos, o unidades asistenciales equivalentes sea cual sea su denominación, requerirá la existencia escrita de normas de funcionamiento interno y la definición de objetivos y funciones tanto generales como específicas para cada miembro del mismo.

c) La continuidad asistencial de los pacientes, tanto la de aquellos que sean atendidos por distintos profesionales y especialistas dentro del mismo centro como la de quienes lo sean en diferentes niveles, requerirá en cada ámbito asistencial la existencia de procedimientos, protocolos de elaboración conjunta e indicadores para asegurar esta finalidad.

d) Los protocolos deberán ser utilizados de forma obligatoria, como guía de actuación para todos los profesionales de un equipo, y serán regularmente actualizados con la participación de aquellos que los deben aplicar.

16. Atendiendo al artículo 5 de la Ley 44/2003, no es uno de los principios generales referentes a la relación entre los profesionales sanitarios y de las personas atendidas por ellos:

a) Los profesionales tienen el deber de hacer un uso racional de los recursos diagnósticos y terapéuticos a su cargo.

b) Los profesionales tienen el deber de respetar la personalidad, dignidad e intimidad de las personas a su cuidado y deben respetar la participación de los mismos en las tomas de decisiones que les afecten.

c) Los profesionales tienen derecho a la libre aceptación de los pacientes a los que les corresponde atender.

d) Los profesionales y los responsables de los centros sanitarios facilitarán a sus pacientes el ejercicio del derecho a conocer el nombre, la titulación y la especialidad de los profesionales sanitarios que les atienden.

17. ¿A quién corresponde la indicación y realización de las actividades dirigidas a la promoción y mantenimiento de la salud?

a) A los licenciados en Medicina.

b) A los diplomados universitarios en Enfermería.

c) A los diplomados universitarios en Terapia Ocupacional.

d) A los licenciados en Farmacia.

18. Los centros sanitarios revisarán que los profesionales sanitarios de su plantilla cumplen los requisitos necesarios para ejercer la profesión, como mínimo:

a) Cada 2 años.

b) Cada 3 años.

c) Cada 4 años.
d) Cada 5 años.

19. Según la Ley 44/2003, la unidad básica en la que se estructuran de forma uni o multiprofesional e interdisciplinar los profesionales y demás personal de las organizaciones asistenciales para realizar efectiva y eficientemente los servicios que les son requeridos, es:

a) La unidad de gestión clínica.
b) El Colegio Profesional.
c) El equipo de profesionales.
d) La cartera de servicios.

20. Señalar la opción incorrecta. La atención sanitaria integral, supone:

a) La cooperación multidisciplinaria.
b) La integración de los procesos.
c) La continuidad asistencial.
d) La superposición entre procesos asistenciales atendidos por distintos titulados o especialistas.

Solución al test n.º 3

1. c) Son correctas las opciones a y b.

2. d) La salud privada.

3. b) 2003.

4. a) Once.

5. c) 149.

6. b) El título III.

7. c) El título IV.

8. d) El acceso de los profesionales a la sanidad pública.

9. b) Tanto si la profesión se ejerce en los servicios sanitarios públicos como en el ámbito de la sanidad privada.

10. b) Licenciados en Medicina, en Farmacia, en Odontología, en Veterinaria, y los licenciados especialistas en Ciencias de la Salud.

11. a) Una norma con rango de ley.

12. c) Grado Superior y Grado Medio.

13. c) Realizar una formación continuada.

14. d) El libre ejercicio de la profesión.

15. d) Los protocolos deberán ser utilizados de forma obligatoria, como guía de actuación para todos los profesionales de un equipo, y serán regularmente actualizados con la participación de aquellos que los deben aplicar.

16. c) Los profesionales tienen derecho a la libre aceptación de los pacientes a los que les corresponde atender.

17. a) A los licenciados en Medicina.

18. b) Cada 3 años.

19. c) El equipo de profesionales.

20. d) La superposición entre procesos asistenciales atendidos por distintos titulados o especialistas.

TEST N.º 4

Ley 55/2003, de 16 de diciembre, del Estatuto Marco del Personal Estatutario de los Servicios de Salud: objeto y ámbito de aplicación; clasificación de personal estatutario; Titulación, funciones, tipo de nombramiento. Derechos y deberes; situaciones; incompatibilidades; régimen disciplinario

1. El Estatuto Marco del Personal Estatutario de los Servicios de Salud está regulado por:

a) Una Ley orgánica.
b) Una Ley ordinaria.
c) Un Real Decreto.
d) Un Reglamento.

2. El Estatuto Marco considera al personal estatutario como titular de una relación:

a) Funcionarial común.
b) Laboral común.
c) Estatutaria de la Seguridad Social.
d) Funcionarial especial.

3. El personal estatutario con nombramiento expedido para el desempeño de funciones de gestión o para el desempeño de profesiones u oficios que no tengan carácter sanitario se denomina:

a) Personal universitario.
b) Personal de gestión y servicios.
c) Personal directivo.
d) Personal administrativo.

4. Según establece el art. 8 de la Ley 55/2003, de 16 de diciembre, del Estatuto Marco de los Servicios de Salud, es personal estatutario fijo:

a) El que, una vez superado el correspondiente proceso selectivo, obtiene un nombramiento para el desempeño, con carácter permanente, de las funciones que de tal nombramiento se deriven.

b) Todo el personal al servicio de los Servicios de Salud.

c) El personal que realice una prestación de servicios determinados de naturaleza temporal, coyuntural o extraordinaria.

d) El personal en posesión de un contrato laboral indefinido.

5. Conforme a lo dispuesto en el artículo 2.2 de la Ley 55/2003, de 16 de diciembre, del Estatuto Marco del personal estatutario de los servicios de salud, en lo no previsto en la misma serán aplicables al personal estatutario:

a) Las disposiciones y principios generales sobre función pública de la Administración correspondiente.

b) Las disposiciones de derecho laboral, dictadas al amparo del artículo 149.1.7º de la Constitución.

c) Las disposiciones sobre función pública de la Administración del Estado, en todo caso, conforme a lo dispuesto en el artículo 149.3 de la Constitución.

d) El convenio colectivo del personal laboral al servicio de la Administración correspondiente.

6. Conforme al artículo 6.2 de la Ley 55/2003, de 16 de diciembre, del Estatuto Marco del personal estatutario de los servicios de salud, atendiendo al nivel académico del título exigido para el ingreso, el personal estatutario sanitario de formación profesional se divide en:

a) Técnicos sanitarios y Auxiliares de Enfermería.

b) Técnicos superiores y Técnicos.

c) Técnicos superiores y Técnicos de gestión.

d) Técnicos especialistas y Técnicos.

7. La categoría profesional de Celador está comprendida dentro del grupo de:

a) Personal de gestión y servicios.

b) Personal no estatutario.

c) Personal estatutario sanitario.

d) Personal estatutario de formación profesional.

8. Es personal Estatutario Sanitario:

a) El que ejerce una profesión o especialidad sanitaria.

b) El que ostenta esta condición en virtud de nombramiento expedido para el ejercicio de una profesión o especialización sanitaria.

c) El que desempeña una categoría clasificada como sanitaria.
d) Quien ejerza una profesión sanitaria sin ostentar la condición de funcionario.

9. El personal Estatutario de Gestión y Servicio se clasifica en función del título exigido para el ingreso en:

a) Personal de formación universitaria, personal de formación personal y otro personal.
b) Personal universitario, personal de formación profesional y personal subalterno.
c) Personal licenciado universitario, personal de administración y personal auxiliar.
d) Ninguna es correcta.

10. No constituye un derecho individual del personal estatutario:

a) La estabilidad en el empleo.
b) La movilidad voluntaria.
c) El descanso necesario.
d) La negociación colectiva.

11. El régimen de derechos del personal estatutario será aplicable al personal temporal:

a) En la medida en que la naturaleza del derecho lo permita.
b) En todo caso.
c) En ningún caso.
d) Solo cuando así se establezca en su nombramiento.

12. En relación con los derechos y deberes regulados en el Estatuto Marco, no se considera un derecho colectivo:

a) La huelga.
b) La actividad sindical.
c) La reunión.
d) La estabilidad en el empleo.

13. El personal estatutario de los servicios de salud tiene el deber de:

a) Participar en la elaboración de los convenios colectivos.
b) Realizar sus funciones fuera del horario y jornada habitual.
c) Realizar actividades sindicales.
d) Respetar la Constitución, el Estatuto de Autonomía correspondiente y el resto del ordenamiento jurídico.

14. Según el Estatuto Marco del Personal Estatutario de los Servicios de Salud, ¿cuál de los siguientes es un derecho colectivo?

a) Derecho a la percepción puntual de las retribuciones e indemnizaciones por razón del servicio en cada caso establecidas.
b) Derecho a la libre sindicación.

c) Derecho a la movilidad voluntaria, promoción interna y desarrollo profesional, en la forma en que prevean las disposiciones en cada caso aplicables.

d) Derecho a la jubilación en los términos y condiciones establecidas en las normas en cada caso aplicables.

15. Son faltas muy graves:

a) La falta de obediencia debida a los superiores.

b) El acoso sexual, cuando el sujeto activo del acoso cree con su conducta un entorno laboral intimidatorio, hostil o humillante para la persona que es objeto del mismo.

c) El incumplimiento del deber de respeto a la Constitución o al respectivo Estatuto de Autonomía en el ejercicio de sus funciones.

d) La aceptación de cualquier tipo de contraprestación por los servicios prestados a los usuarios de los Servicios de Salud.

16. El funcionario sancionado con la separación del servicio no podrá concurrir a las pruebas de selección para la obtención de la condición de personal estatutario fijo, ni prestar servicios como personal estatutario temporal, durante:

a) Los 6 años siguientes.

b) Los 5 años siguientes.

c) Los 10 años siguientes.

d) La separación del servicio es definitiva.

17. Cuando la suspensión de funciones se imponga por falta muy grave, no podrá superar:

a) Los seis años.

b) Los diez años.

c) Los doce años.

d) Los quince años.

18. Según el Estatuto Marco, las faltas graves prescribirán:

a) Al año.

b) A los dos años.

c) A los tres años.

d) A los cuatro años.

19. Según el Estatuto Marco, las sanciones impuestas por faltas leves prescribirán:

a) Al mes.

b) A los tres meses.

c) A los seis meses.

d) Al año.

20. Las sanciones disciplinarias firmes que se impongan al personal estatutario se anotarán en su expediente personal. Las anotaciones por sanciones impuestas por faltas leves se cancelarán de oficio, desde el cumplimiento de la sanción, a:

a) Los 3 meses.
b) Los 6 meses.
c) El año.
d) Los 2 años.

En MADTEST tienes **más preguntas de este tema**, y todos tus avances quedan registrados y se reflejan en el ranking.

¡Supera tus límites con MADTEST!

Solución al test n.º 4

1. b) Una Ley ordinaria.

2. d) Funcionarial especial.

3. b) Personal de gestión y servicios.

4. a) El que, una vez superado el correspondiente proceso selectivo, obtiene un nombramiento para el desempeño, con carácter permanente, de las funciones que de tal nombramiento se deriven.

5. a) Las disposiciones y principios generales sobre función pública de la Administración correspondiente.

6. b) Técnicos superiores y Técnicos.

7. a) Personal de gestión y servicios.

8. b) El que ostenta esta condición en virtud de nombramiento expedido para el ejercicio de una profesión o especialización sanitaria.

9. a) Personal de formación universitaria, personal de formación personal y otro personal.

10. d) La negociación colectiva.

11. a) En la medida en que la naturaleza del derecho lo permita.

12. d) La estabilidad en el empleo.

13. d) Respetar la Constitución, el Estatuto de Autonomía correspondiente y el resto del ordenamiento jurídico.

14. b) Derecho a la libre sindicación.

15. c) El incumplimiento del deber de respeto a la Constitución o al respectivo Estatuto de Autonomía en el ejercicio de sus funciones.

16. a) Los 6 años siguientes.

17. b) Los diez años.

18. b) A los dos años.

19. c) A los seis meses.

20. b) Los 6 meses.

TEST N.º 5

Real Decreto Legislativo 5/2015, de 30 de octubre. Clases de personal al servicio de las Administraciones Públicas (Título II). Representación, participación y negociación colectiva (Capítulo IV –Título III). Código de conducta de los empleados públicos (Capítulo VI-Título III)

1. De qué forma se aprobó la vigente Ley del Estatuto Básico del Empleado Público:

a) Por una Ley Orgánica.
b) Mediante un Texto Refundido.
c) Mediante una Ley de Bases.
d) Por un Real Decreto-Ley.

2. El vigente texto refundido de la Ley del Estatuto Básico del Empleado Público fue aprobado por:

a) Real Decreto Legislativo 5/2015, de 30 de octubre.
b) Real Decreto Legislativo 2/2015, de 23 de octubre.
c) Real Decreto Legislativo 3/2015, de 23 de octubre.
d) Real Decreto Legislativo 6/2015, de 30 de octubre.

3. El empleo en el sector público se caracteriza por estar configurado por un modelo:

a) Unitario de personal funcionario.
b) Unitario de personal estatutario.
c) Dual de regímenes jurídicos, personal funcionario y personal laboral.
d) De tres regímenes jurídicos, personal funcionario, personal laboral y personal de designación.

4. El EBEP contiene:

a) Aquello que es común al conjunto de los empleados públicos de todas las Administraciones Públicas.
b) Las normas legales específicas aplicables a los empleados públicos de todas las Administraciones Públicas.

c) Aquello que es común al conjunto de los funcionarios de todas las Administraciones Públicas, más las normas legales específicas aplicables al personal laboral a su servicio.

d) Aquello que es común al conjunto del personal laboral de todas las Administraciones Públicas, más las normas legales específicas aplicables al personal funcionario a su servicio.

5. Se regirá por la legislación específica dictada por el Estado y por las comunidades autónomas en el ámbito de sus respectivas competencias y por lo previsto en el EBEP, excepto el capítulo II del título III (salvo el artículo 20), y los artículos 22.3, 24 y 84:

a) El personal funcionario de las Universidades Públicas.

b) El personal funcionario y en lo que proceda el personal laboral al servicio de las Administraciones de las entidades locales.

c) El personal estatutario de los servicios de salud.

d) El personal funcionario y laboral al servicio de las Administraciones de las comunidades autónomas.

6. Para todo el personal de las Administraciones Públicas no incluido en su ámbito de aplicación, el EBEP tendrá carácter:

a) Consultivo.

b) Voluntario.

c) Supletorio.

d) Interpretativo.

7. Las disposiciones del EBEP sólo se aplicarán directamente cuando así lo disponga su legislación específica al siguiente personal:

a) El personal funcionario de las entidades locales.

b) El personal estatutario de los Servicios de Salud.

c) Personal de las Fuerzas y Cuerpos de Seguridad.

d) El personal docente.

8. Es un principio de actuación del EBEP:

a) La jerarquía en la atribución, ordenación y desempeño de las funciones y tareas.

b) La negociación en la atribución, ordenación y desempeño de las funciones y tareas.

c) La participación en la atribución, ordenación y desempeño de las funciones y tareas.

d) La promoción en la atribución, ordenación y desempeño de las funciones y tareas.

9. Según el art. 4 del TREBEP ¿Qué personal no tiene legislación específica propia?

a) Las Cortes Generales.

b) El personal del Centro Nacional de Inteligencia.

c) Las Universidades públicas.

d) Personal militar de las Fuerzas Armadas.

10. El artículo 8 del Texto Refundido de la Ley del Estatuto Básico del Empleado Público, aprobado por el Real Decreto Legislativo 5/2015, de 30 de octubre, define como aquellos quienes desempeñan funciones retribuidas en las Administraciones Públicas al servicio de los intereses generales:

a) A los Funcionarios públicos.
b) A los Empleados públicos.
c) Al Personal laboral de las Administraciones Públicas.
d) Al personal estatutario.

11. Basándonos en el artículo 8 del Texto Refundido de la Ley del Estatuto Básico del Empleado Público, no es una clase de empleado público:

a) Funcionario de carrera.
b) Personal laboral.
c) Funcionario interino.
d) Funcionario eventual.

12. Corresponden en exclusiva a los funcionarios públicos, en los términos que en la ley de desarrollo de cada Administración Pública se establezca, el ejercicio de las funciones que impliquen la participación directa o indirecta:

a) En el archivo y documentación de información administrativa.
b) En tareas administrativas.
c) En el ejercicio de las potestades públicas.
d) En las tareas directivas.

13. Los funcionarios de carrera son aquellos quienes, en virtud de nombramiento legal, están vinculados a una Administración Pública por una relación estatutaria regulada por:

a) El Derecho Laboral.
b) El Derecho Administrativo.
c) El Derecho Civil.
d) El Derecho Constitucional.

14. Las leyes de Función Pública que se dicten en desarrollo del EBEP podrán prever el nombramiento de personal interino para la ejecución de programas de carácter temporal con una duración de hasta:

a) 2 años.
b) 3 años.
c) 4 años.
d) 5 años.

15. ¿Es aplicable a los funcionarios interinos el régimen general de los funcionarios de carrera?

a) Sí, en todo caso; independientemente de que el nombramiento tenga o no carácter extraordinario y urgente.
b) No, en ningún caso. Tienen su propio régimen general.
c) Sí, en cuanto sea adecuado a la naturaleza de su condición y al carácter extraordinario y urgente de su nombramiento, salvo aquellos derechos inherentes a la condición de funcionario de carrera.
d) No, se rigen por un convenio colectivo de carácter estatal.

16. Podrá nombrarse personal funcionario interino para la ejecución de programas de carácter temporal, que no podrán tener una duración:

a) Inferior a 3 años.
b) Superior a 2 años, ampliable hasta doce meses más por las leyes de Función Pública que se dicten en desarrollo del TR-LEBEP.
c) Superior a 3 años, ampliable hasta doce meses más por las leyes de Función Pública que se dicten en desarrollo del TR-LEBEP.
d) Superior a 6 meses, dentro de un periodo de doce meses.

17. Los funcionarios interinos serán nombrados por razones expresamente justificadas de necesidad y:

a) Economía.
b) Eficacia.
c) Urgencia.
d) Calidad.

18. Según el artículo 11 del Estatuto Básico del Empleado Público, el personal laboral, en función de la duración del contrato, podrá ser (señalar la opción incorrecta):

a) Temporal.
b) Por tiempo indefinido.
c) Fijo.
d) Eventual.

19. Es personal eventual el que, en virtud de nombramiento y con carácter no permanente, solo realiza funciones expresamente calificadas como de confianza o:

a) Representación política.
b) Asesoramiento especial.
c) Gran responsabilidad.
d) Dirección delegada.

20. En todo caso, el personal eventual cesará:

a) Cuando transcurran 4 años ininterrumpidos desde su nombramiento.
b) Cuando concluya la tarea por la que fue designado.
c) Cuando se produzca el cese de la autoridad a la que se preste la función de confianza o asesoramiento.
d) Cuando exista personal funcionario de carrera que pueda ejercer sus funciones.

En MADTEST tienes **más preguntas de este tema**, y todos tus avances quedan registrados y se reflejan en el ranking.

¡Supera tus límites con MADTEST!

Solución al test n.º 5

1. b) Mediante un Texto Refundido.

2. a) Real Decreto Legislativo 5/2015, de 30 de octubre.

3. c) Dual de regímenes jurídicos, personal funcionario y personal laboral.

4. c) Aquello que es común al conjunto de los funcionarios de todas las Administraciones Públicas, más las normas legales específicas aplicables al personal laboral a su servicio.

5. c) El personal estatutario de los servicios de salud.

6. c) Supletorio.

7. c) Personal de las Fuerzas y Cuerpos de Seguridad.

8. a) La jerarquía en la atribución, ordenación y desempeño de las funciones y tareas.

9. c) Las Universidades públicas.

10. b) A los Empleados públicos.

11. d) Funcionario eventual.

12. c) En el ejercicio de las potestades públicas.

13. b) El Derecho Administrativo.

14. c) 4 años.

15. c) Sí, en cuanto sea adecuado a la naturaleza de su condición y al carácter extraordinario y urgente de su nombramiento, salvo aquellos derechos inherentes a la condición de funcionario de carrera.

16. c) Superior a 3 años, ampliable hasta doce meses más por las leyes de Función Pública que se dicten en desarrollo del TR-LEBEP.

17. c) Urgencia.

18. d) Eventual.

19. b) Asesoramiento especial.

20. c) Cuando se produzca el cese de la autoridad a la que se preste la función de confianza o asesoramiento.

TEST N.º 6

Ley 31/1995 de 8 de noviembre, de Prevención de Riesgos Laborales: Objeto, ámbito de aplicación y definiciones (Capítulo I) Derechos y obligaciones. Servicios de Prevención. Consulta y participación de los trabajadores. Salud Laboral: Concepto. Condiciones físico-ambientales del trabajo. Accidentes de riesgo biológico. Enfermedades profesionales de mayor incidencia actualmente en la población española

1. Los representantes de los trabajadores con competencia en materia de prevención de riesgos laborales son:

a) Los miembros de la Junta de personal, Junta Facultativo y Junta de Enfermería.
b) Los técnicos de prevención de riesgos laborales.
c) El Servicio de Medicina Preventiva.
d) Los delegados de prevención.

2. Qué se entiende por "riesgo laboral":

a) La posibilidad de que un trabajador sufra un determinado daño derivado del trabajo.
b) La posibilidad de que un trabajador sufra una enfermedad en el trabajo.
c) La posibilidad de que un trabajador sufra acoso.
d) El riesgo que supone el ir a trabajar.

3. ¿Quién debe garantizar a los trabajadores la vigilancia periódica de su estado de salud en función de los riesgos inherentes al trabajo?

a) La Inspección de Trabajo.
b) El propio trabajador.
c) El empresario.
d) Las secciones sindicales.

4. El derecho básico reconocido a los trabajadores por la Ley 31/1995, de 8 de noviembre, es:

a) La vigilancia de su estado de salud.
b) Una protección eficaz en materia de seguridad y salud en el trabajo.
c) La formación en materia preventiva.
d) La información, consulta y participación.

5. Indica cuál es la definición de prevención:

a) La probabilidad racional de que un riesgo se materialice de forma inminente.
b) El estudio de los procesos potencialmente peligrosos para el trabajo.
c) Conjunto de actividades o medidas adoptadas o previstas en todas las fases de actividad de la empresa con el fin de evitar o disminuir los riesgos derivados del trabajo.
d) Posibilidad de que un trabajador sufra un determinado daño derivado del trabajo.

6. Señale la respuesta incorrecta:

a) La Ley de Prevención de Riesgos Laborales se aplica a los operativos de Seguridad civil en casos de catástrofe.
b) La Ley de Prevención de Riesgos Laborales se aplica a las sociedades cooperativas.
c) En el ámbito de la relación laboral de carácter especial del servicio del hogar familiar, las personas trabajadoras tienen derecho a una protección eficaz en materia de seguridad y salud en el trabajo.
d) En los establecimientos penitenciarios, se adaptarán a la Ley de Prevención de Riesgos Laborales aquellas actividades cuyas características justifiquen una regulación especial.

7. ¿Cuál es la vigente Ley de Prevención de Riesgos Laborales?

a) Ley 32/1995, de 8 de noviembre.
b) Ley 30/1996, de 8 de noviembre.
c) Ley 31/1995, de 6 de noviembre.
d) Ley 31/1995, de 8 de noviembre

8. Entre los principios de la acción preventiva recogidos por el artículo 15 de la Ley de Prevención de Riesgos Laborales, no figura:

a) Evitar los riesgos.
b) Evaluar los riesgos que se puedan evitar.
c) Tener en cuenta la evolución de la técnica.
d) Dar las debidas instrucciones a los trabajadores.

9. ¿Cuántos delegados de prevención se deberán elegir en empresas entre 3001 y 4000 trabajadores?

a) 5.
b) 6.

c) 7.
d) 8.

10. En las empresas de hasta 30 trabajadores el Delegado de Prevención será:

a) El propio empresario.
b) El trabajador más antiguo.
c) El trabajador de mayor cualificación.
d) El delegado de personal.

11. Entre las obligaciones de los trabajadores recogidas por la Ley de Prevención de Riesgos Laborales, no figura:

a) Informar directamente al empresario de cualquier situación que entrañe riesgo para la seguridad o salud de los trabajadores.
b) Contribuir al cumplimiento de las obligaciones establecidas por la autoridad competente con el fin de proteger la seguridad y la salud de los trabajadores en el trabajo.
c) Cooperar con el empresario para que éste pueda garantizar unas condiciones de trabajo que sean seguras y no entrañen riesgos para la seguridad y la salud de los trabajadores.
d) Utilizar correctamente los medios y equipos de protección facilitados por el empresario, de acuerdo con las instrucciones recibidas de éste.

12. El empresario deberá constituir un servicio de prevención propio siempre que se trate de empresas que cuenten con:

a) Más de 500 trabajadores.
b) Menos de 250 trabajadores.
c) Más de 250 trabajadores.
d) Más de 250 y menos de 500 trabajadores.

13. Cuando los trabajadores estén expuestos a un riesgo grave e inminente con ocasión de su trabajo, y el empresario no adopte o no permita la adopción de las medidas necesarias para garantizar la seguridad y la salud de los trabajadores, la Ley 31/1995, de 8 de noviembre, de Prevención de Riesgos Laborales prevé:

a) Los trabajadores afectados podrán paralizar la actividad.
b) El órgano de representación del personal instará formalmente al empresario a la adopción de las medidas necesarias.
c) Los Delegados de Prevención lo comunicarán a la autoridad laboral, que adoptará las medidas necesarias.
d) El órgano de representación de personal podrá acordar la paralización de la actividad.

14. Según establece el art. 4 de la Ley 31/1995, de 8 de noviembre, de Prevención de Riesgos Laborales, se define como daños derivados del trabajo.

a) La posibilidad de que un trabajador sufra un determinado daño derivado del trabajo.
b) El que resulte probable racionalmente que se materialice en un futuro inmediato y pueda suponer y pueda suponer un daño grave para la salud de los trabajadores.

c) Las enfermedades, patologías o lesiones sufridas con motivo u ocasión del trabajo.

d) Cualquier máquina, aparato, instrumento o instalación utilizada en el trabajo.

15. Según recoge el artículo 4 de la Ley 31/1995, quedan específicamente incluidas en la definición de condición de trabajo:

a) Las características particulares de los locales, instalaciones, equipos, productos y demás útiles existentes en el centro de trabajo.

b) La naturaleza de los agentes físicos, químicos y biológicos presentes en el ambiente de trabajo y sus correspondientes intensidades, concentraciones o niveles de presencia.

c) Los procedimientos para la utilización de los agentes citados anteriormente que no influyan en la generación de los riesgos mencionados.

d) Todas aquellas otras características del trabajo, excluidas las relativas a su organización y ordenación, que influyan en la magnitud de los riesgos a que esté expuesto el trabajador.

16. Los instrumentos esenciales para la gestión y aplicación del Plan de prevención de riesgos laborales son:

a) La evaluación de riesgos y la planificación de la actividad preventiva.

b) La evaluación inicial de riesgos y la formación.

c) La planificación y la gestión de la actividad preventiva.

d) La identificación y la evaluación de los riesgos.

17. El posible cambio de puesto de trabajo con riesgo para una trabajadora embarazada:

a) Deberá realizarse en caso de imposibilidad de adaptación del propio puesto.

b) Se hará previo informe en tal sentido del Servicio de Prevención.

c) Se determinará por el empresario, y dará información a los representantes de los trabajadores.

d) Se extenderá al período de lactancia.

18. La prevención de riesgos laborales deberá integrarse en el sistema general de gestión de la empresa a través de:

a) La política preventiva.

b) El plan de prevención.

c) El consenso de las partes.

d) El poder de decisión del empresario.

19. El objeto y carácter de la norma de la Ley 31/95 de Prevención de Riesgos Laborales dice:

a) La presente Ley tiene por objeto promover la salud de los trabajadores mediante la aplicación de medidas y el desarrollo de las actividades necesarias para la prevención de riesgos derivados del trabajo.

b) La presente Ley tiene por objeto promover la seguridad y la salud de los trabajadores mediante la aplicación de medidas y el desarrollo de las actividades necesarias para la prevención de riesgos derivados del trabajo.

c) La presente Ley tiene por objeto promover la seguridad de los trabajadores mediante la aplicación de medidas y el desarrollo de las actividades necesarias para la prevención de riesgos derivados del trabajo.

d) La presente Ley tiene por objeto promover la seguridad, la salud de los trabajadores y la negociación entre empresa y delegados de prevención, mediante la aplicación de medidas y el desarrollo de las actividades necesarias para la prevención de riesgos derivados del trabajo.

20. ¿Cuándo se deben utilizar los equipos de protección individual?

a) Siempre.
b) Cuando los riesgos no hayan sido evaluados.
c) Cuando los riesgos no se puedan evitar o no puedan limitarse.
d) Cuando el trabajador lo estime oportuno.

En MADTEST tienes **más preguntas de este tema**, y todos tus avances quedan registrados y se reflejan en el ranking.

¡Supera tus límites con MADTEST!

Solución al test n.º 6

1. d) Los delegados de prevención.

2. a) La posibilidad de que un trabajador sufra un determinado daño derivado del trabajo.

3. c) El empresario.

4. b) Una protección eficaz en materia de seguridad y salud en el trabajo.

5. c) Conjunto de actividades o medidas adoptadas o previstas en todas las fases de actividad de la empresa con el fin de evitar o disminuir los riesgos derivados del trabajo.

6. a) La Ley de Prevención de Riesgos Laborales se aplica a los operativos de Seguridad civil en casos de catástrofe.

7. d) Ley 31/1995, de 8 de noviembre

8. b) Evaluar los riesgos que se puedan evitar.

9. c) 7.

10. d) El delegado de personal.

11. a) Informar directamente al empresario de cualquier situación que entrañe riesgo para la seguridad o salud de los trabajadores.

12. a) Más de 500 trabajadores.

13. d) El órgano de representación de personal podrá acordar la paralización de la actividad.

14. c) Las enfermedades, patologías o lesiones sufridas con motivo u ocasión del trabajo.

15. b) La naturaleza de los agentes físicos, químicos y biológicos presentes en el ambiente de trabajo y sus correspondientes intensidades, concentraciones o niveles de presencia.

16. a) La evaluación de riesgos y la planificación de la actividad preventiva.

17. a) Deberá realizarse en caso de imposibilidad de adaptación del propio puesto.

18. b) El plan de prevención.

19. b) La presente Ley tiene por objeto promover la seguridad y la salud de los trabajadores mediante la aplicación de medidas y el desarrollo de las actividades necesarias para la prevención de riesgos derivados del trabajo.

20. c) Cuando los riesgos no se puedan evitar o no puedan limitarse.

Ley Orgánica 3/2018, de 5 de diciembre, de Protección de Datos Personales y garantía de los derechos digitales: objeto, ámbito de aplicación y principios; derechos de las personas. La Agencia Española de Protección de Datos

1. Es correcto, conforme a la disposición adicional 3ª de la LO 3/2018, que:

a) Cuando los plazos se señalen por días, se entiende que estos son naturales.

b) Si el plazo se fija en semanas, concluirá el día anterior al día de la semana en que se produjo el hecho que determina su iniciación en la semana de vencimiento.

c) Si el plazo se fija en años, concluirá el mismo día en que se produjo el hecho que determina su iniciación en el año de vencimiento.

d) Cuando el último día del plazo sea inhábil, se entenderá adelantado al último día hábil anterior.

2. ¿Qué título de la LO 3/2018, de 5 de diciembre, de Protección de Datos Personales y garantía de los derechos digitales, se refiere a los principios de la protección de datos?

a) Título I.

b) Título II.

c) Título III.

d) Título IV.

3. Según el artículo 3 de la LO 3/2018, los requisitos y condiciones para acreditar la validez y vigencia de los mandatos e instrucciones de las personas fallecidas respecto al acceso a los datos personales de éstas por parte de las personas o instituciones que designaran expresamente, serán establecidos:

a) Por medio de una Directiva europea.

b) Por Ley estatal.

c) Por Ley autonómica.

d) Por Real Decreto.

4. El artículo 4 de la LO 3/2018 señala que, conforme al artículo 5.1.d) del Reglamento (UE) 2016/679, los datos serán exactos y, si fuere necesario:

a) Actualizados.
b) Aproximados.
c) Normalizados.
d) Digitalizados.

5. Conforme al artículo 5.1 de la LO 3/2018, estarán sujetas al deber de confidencialidad:

a) Únicamente los responsables del tratamiento.
b) Los responsables y encargados del tratamiento.
c) Los responsables y encargados del tratamiento de datos así como todas las personas que intervengan en cualquier fase de este.
d) Los responsables y encargados del tratamiento de datos así como todas las personas que intervengan en todas las fases de este.

6. Conforme a los artículos 4.11 del RGPD y 6.1 de la LO 3/2018, se entiende por consentimiento del afectado la aceptación, ya sea mediante una declaración o una clara acción afirmativa, del tratamiento de datos personales que le conciernen manifestada por voluntad libre, de forma específica, informada e/y:

a) Detallada.
b) Unitaria.
c) Inequívoca.
d) Por escrito.

7. Cuando se pretenda fundar el tratamiento de los datos en el consentimiento del afectado para una pluralidad de finalidades:

a) Será preciso que conste de manera específica e inequívoca que dicho consentimiento se otorga para todas ellas.
b) Será necesario demostrar que el afectado consintió expresamente e inequívocamente en alguna de las finalidades y, que el resto de finalidades están claramente relacionadas con aquella.
c) El responsable debe demostrar la adecuación de las distintas finalidades a un único objeto.
d) El consentimiento del afectado sólo puede afectar a una finalidad. Cada finalidad precisa un consentimiento propio e independiente.

8. Conforme al principio de limitación de la finalidad, los datos personales serán recogidos con fines determinados, explícitos y:

a) Limitados.
b) Transparentes.

c) Compatibles.
d) Legítimos.

9. Según el artículo 8.1 de la LO 3/2018, el tratamiento de datos personales solo podrá considerarse fundado en el cumplimiento de una obligación legal exigible al responsable:

a) Cuando así lo prevea una norma de Derecho de la Unión Europea o una norma con rango de ley.
b) Cuando el tratamiento se considere una misión realizada en interés público.
c) Cuando se trate del ejercicio de poderes públicos conferidos al responsable.
d) Cuando el responsable sea un órgano u organismo público.

10. Conforme al artículo 9 de la LO 3/2018, de 5 de diciembre, de Protección de Datos Personales y garantía de los derechos digitales, cuál de los siguientes tratamientos de categorías especiales de datos fundados en el Derecho español deberá estar amparado en una norma con rango de ley:

a) Tratamiento necesario con fines de archivo en interés público, fines de investigación científica o histórica.
b) Tratamiento efectuado, en el ámbito de sus actividades legítimas y con las debidas garantías, por una fundación, una asociación o cualquier otro organismo sin ánimo de lucro, cuya finalidad sea política, filosófica, religiosa o sindical, siempre que el tratamiento se refiera exclusivamente a los miembros actuales o antiguos de tales organismos o a personas que mantengan contactos regulares con ellos en relación con sus fines y siempre que los datos personales no se comuniquen fuera de ellos sin el consentimiento de los interesados.
c) Tratamiento necesario para fines de medicina preventiva o laboral, evaluación de la capacidad laboral del trabajador, diagnóstico médico, prestación de asistencia o tratamiento de tipo sanitario o social, o gestión de los sistemas y servicios de asistencia sanitaria y social.
d) Tratamiento referido a datos personales que el interesado ha hecho manifiestamente públicos.

11. Uno de los objetos de la Ley Orgánica 3/2018, de 5 de diciembre, de Protección de Datos Personales y garantía de los derechos digitales, es:

a) Adaptar el ordenamiento jurídico español al Reglamento General de Protección de Datos y completar sus disposiciones.
b) Establecer las normas relativas a la protección de las personas físicas en lo que respecta al tratamiento de los datos personales y las normas relativas a la libre circulación de tales datos.
c) Adaptar el Reglamento General de Protección de Datos al ordenamiento jurídico español y completar sus disposiciones.
d) Garantizar la seguridad de la transferencia de datos entre países de la Unión Europea.

12. La LO 3/2018, de 5 de diciembre, de Protección de Datos Personales y garantía de los derechos digitales, tiene por objeto garantizar los derechos digitales de la ciudadanía conforme al mandato del artículo de la Constitución:

a) 9.2.
b) 10.1.
c) 18.4.
d) 20.4.

13. Señala la opción incorrecta. Conforme al artículo 11.3 de la LO 3/2018, la información básica que el responsable del tratamiento ha de facilitar al afectado, cuando los datos personales se hayan obtenido de éste, debe contener obligatoriamente:

a) La finalidad del tratamiento.
b) La identidad del responsable del tratamiento y de su representante, en su caso.
c) La posibilidad de ejercer los derechos establecidos en los artículos 15 a 22 del RGPD.
d) Las categorías de datos objeto de tratamiento.

14. Según el artículo 7.1 de la LO 3/2018, el tratamiento de los datos personales de un menor de edad únicamente podrá fundarse en su consentimiento cuando sea mayor de:

a) 12 años.
b) 13 años.
c) 14 años.
d) 16 años.

15. El derecho a la portabilidad de los datos:

a) Se podrá aplicar a los tratamientos que sean necesario para el cumplimiento de una misión realizada en interés público o en el ejercicio de poderes públicos conferidos al responsable del tratamiento.
b) A diferencia de otros derechos, podrá afectar negativamente a los derechos y libertades de otros.
c) Supone la obligación de que, en todo caso, los datos personales se transmitan directamente de responsable a responsable.
d) Requiere que el tratamiento se efectúe por medios automatizados.

16. Conforme al artículo 12 de la LO 3/2018, los derechos reconocidos en los artículos 15 a 22 del RGPD:

a) Sólo podrán ser ejercidos directamente por el afectado.
b) Deberán ejercerse bien directamente por el afectado o por representante legal.
c) Deberán ejercerse bien directamente por el afectado o por representante voluntario.
d) Podrán ejercerse directamente o por medio de representante legal o voluntario.

17. Según el artículo 12.4 de la LO 3/2018, la prueba del cumplimiento del deber de responder a la solicitud de ejercicio de sus derechos formulado por el afectado recaerá:

a) Sobre el responsable del tratamiento.
b) Sobre el encargado del tratamiento.
c) Bien sobre el responsable o bien sobre el encargado.
d) Sobre el representante legal del afectado.

18. En virtud del artículo 12 de la LO 3/2018 es cierto, en relación a los medios para que el afectado pueda ejercer sus derechos, que:

a) El encargado del tratamiento estará obligado a informar al afectado sobre los medios a su disposición para ejercer los derechos que le corresponden.
b) Los medios deberán ser consensuados con los afectados antes de poner en marcha el tratamiento.
c) Los medios deberán ser fácilmente accesibles para el afectado.
d) El ejercicio del derecho podrá ser denegado cuando el afectado opte por otro medio.

19. Señala la opción incorrecta. El artículo 15 del RGPD dispone que el interesado tendrá derecho a obtener del responsable del tratamiento confirmación de si se están tratando o no datos personales que le conciernen y, en tal caso, derecho de acceso a los datos personales y a información sobre la existencia de decisiones automatizadas, incluida la elaboración de perfiles, y, al menos en tales casos, información significativa sobre:

a) Los demás interesados afectados por las decisiones.
b) La lógica aplicada.
c) La importancia del tratamiento.
d) Las consecuencias previstas de dicho tratamiento.

20. Conforme al artículo 16 del RGPD, teniendo en cuenta los fines del tratamiento, el interesado tendrá derecho a que se completen los datos personales que sean incompletos, inclusive mediante:

a) Levantamiento de acta.
b) Certificación de modificación.
c) Una declaración adicional.
d) Elaboración de anexos.

En MADTEST tienes **más preguntas de este tema**, y todos tus avances quedan registrados y se reflejan en el ranking.

¡Supera tus límites con MADTEST!

Solución al test n.º 7

1. c) Si el plazo se fija en años, concluirá el mismo día en que se produjo el hecho que determina su iniciación en el año de vencimiento.

2. b) Título II.

3. d) Por Real Decreto.

4. a) Actualizados.

5. c) Los responsables y encargados del tratamiento de datos así como todas las personas que intervengan en cualquier fase de este.

6. c) Inequívoca.

7. a) Será preciso que conste de manera específica e inequívoca que dicho consentimiento se otorga para todas ellas.

8. d) Legítimos.

9. a) Cuando así lo prevea una norma de Derecho de la Unión Europea o una norma con rango de ley.

10. c) Tratamiento necesario para fines de medicina preventiva o laboral, evaluación de la capacidad laboral del trabajador, diagnóstico médico, prestación de asistencia o tratamiento de tipo sanitario o social, o gestión de los sistemas y servicios de asistencia sanitaria y social.

11. a) Adaptar el ordenamiento jurídico español al Reglamento General de Protección de Datos y completar sus disposiciones.

12. c) 18.4.

13. d) Las categorías de datos objeto de tratamiento.

14. c) 14 años.

15. d) Requiere que el tratamiento se efectúe por medios automatizados.

16. d) Podrán ejercerse directamente o por medio de representante legal o voluntario.

17. a) Sobre el responsable del tratamiento.

18. c) Los medios deberán ser fácilmente accesibles para el afectado.

19. a) Los demás interesados afectados por las decisiones.

20. c) Una declaración adicional.

TEST N.º 8

Ley 2/2011, de 11 de marzo, para la igualdad efectiva de mujeres y hombres y la erradicación de la violencia de género. Título Preliminar: objeto, ámbito de aplicación y conceptos; La integración del principio de igualdad entre mujeres y hombres en la salud (Artículo 20); Igualdad en el empleo público (Capítulo II-Título III)

1. ¿En qué artículo constitucional se proclama el derecho a la igualdad?

a) 1.
b) 14.
c) 23.
d) 43.

2. El objeto de la Ley 2/2011 lo constituye:

a) Remover los obstáculos para que la libertad y la igualdad del individuo y de los grupos en que se integra sean efectivas y reales.
b) Reforzar e impulsar la estrategia del enfoque integrado de género.
c) Garantizar la efectiva igualdad de derechos, trato y oportunidades entre mujeres y hombres.
d) Todas las anteriores.

3. La Ley promueve la presencia equilibrada de mujeres y hombres:

a) En el ámbito público exclusivamente.
b) En las relaciones sociales.
c) En los ámbitos tanto público como privado.
d) En las personas jurídicas y entidades siempre que cuenten con participación pública.

4. La Ley aboga por que el principio de igualdad de trato y de oportunidades se aplique de forma:

a) Solidaria.
b) Transversal.

c) Coordinada.
d) Empoderada.

5. La ausencia de toda discriminación por razón de sexo, y, especialmente, las derivadas de la maternidad, la asunción de obligaciones familiares y el estado civil es lo que se denomina

a) Discriminación directa.
b) Discriminación positiva.
c) Discriminación indirecta.
d) Igualdad de trato.

6. Se considera "acoso por razón de sexo":

a) La violencia como manifestación de la discriminación, la situación de desigualdad y las relaciones de poder de los hombres sobre las mujeres.
b) La discriminación, directa o indirecta, por razón de sexo, especialmente, derivada de la maternidad, la asunción de obligaciones familiares y el estado civil.
c) El comportamiento realizado en función del sexo de una persona, con el propósito de atentar contra su dignidad.
d) Cualquiera de las situaciones anteriores.

7. Se denomina "integración del principio de igualdad entre mujeres y hombres en la salud":

a) Al mantenimiento y mejora del nivel de salud de mujeres y hombres promoviendo la desaparición de las desigualdades de género en el campo de la salud.
b) Al derecho a la información referente al lugar de prestación de los servicios de atención, emergencia, apoyo y recuperación integral.
c) Al reconocimiento del derecho a la atención, emergencia, apoyo y acogida y recuperación integral de las mujeres víctimas de violencia de género.
d) A la defensa y representación gratuitas por abogado y procurador en todos los procesos y procedimientos administrativos que tengan causa directa o indirecta en la violencia padecida.

8. ¿Qué medidas prevé la Ley para la detección, atención y apoyo a las mujeres víctimas de violencia de género?

a) La asistencia de la Policía Judicial.
b) La Elaboración de protocolos de atención y coordinación.
c) La tipicidad de delitos en el ámbito preventivo.
d) La prestación de medidas de carácter económico.

9. Para garantizar la igualdad en el empleo público, se prevé legalmente que la Administración del Principado de Asturias:

a) Promueva la presencia equilibrada de mujeres y hombres en los órganos de selección y valoración.

b) Facilite la conciliación de la vida personal, familiar y laboral, con menoscabo de la promoción profesional.

c) Establezca medidas para potenciar cualquier discriminación retributiva, directa o indirecta, por razón de sexo.

d) Cualquiera de las anteriores.

10. ¿Qué órgano del Principado de Asturias corresponde la aprobación del Plan de Igualdad en la Administración?

a) A la persona titular de la Consejería competente en materia de políticas de Igualdad.

b) A la persona titular de la Consejería competente en materia de función pública.

c) Al Presidente del Principado de Asturias.

d) Al Consejo de Gobierno.

11. ¿Y quién se encarga de hacer la propuesta para su aprobación?

a) Unidad de Selección de Personal.

b) Subdirección de Evaluación y Planificación de Recursos Humanos.

c) Subdirección de Profesionales.

d) Oficina de Coordinación de Prevención de Riesgos Laborales y Salud Laboral.

12. ¿Y la evaluación de su cumplimiento?

a) El Instituto Asturiano de la Mujer.

b) La persona titular de la Consejería competente en materia de función pública.

c) La persona titular de la Consejería competente en materia de políticas de Igualdad.

d) Las personas a que se refieren las letras b y c, conjuntamente.

13. El eje "Cultura de la organización" del I Plan de Igualdad de la Administración del Principado de Asturias, contiene los objetivos a alcanzar para:

a) La visibilización de las desigualdades.

b) La presencia de la mujer en los centros de poder.

c) La implantación de sistemas de sistemas estratégicos transversales.

d) La integración del principio de igualdad.

14. La celebración de reuniones dentro del horario fijo de trabajo: de 9:00 a 14.00 horas es un objetivo recogido en el del I Plan de Igualdad de la Administración del Principado de Asturias dentro del eje dedicado a:

a) Los procesos de trabajo.

b) Las personas.

c) La cultura de la organización.
d) Ninguna es correcta.

15. La integración de la perspectiva de género en los procesos habituales de trabajo es un objetivo del I Plan de Igualdad recogido en el eje de:

a) Los procesos de trabajo.
b) La cultura de la organización.
c) Las medidas transversales.
d) Las personas.

16. ¿Cuál de los siguientes elementos puede ser causa de discriminación según el principio de igualdad de trato?

a) Nacionalidad.
b) Maternidad.
c) Nivel de estudios.
d) Lugar de residencia.

17. ¿Cuál es uno de los objetivos principales del Principado de Asturias en el ámbito de la salud?

a) Incrementar la inversión en tecnología sanitaria exclusivamente femenina.
b) Promover la desaparición de las desigualdades de género en la salud.
c) Garantizar atención médica solo para mujeres víctimas de violencia de género.
d) Priorizar enfermedades cardiovasculares en población masculina.

18. ¿Qué eje del I Plan de Igualdad se refiere a la integración del principio de igualdad en la cultura organizacional?

a) El eje de procesos de trabajo.
b) El eje de políticas públicas.
c) El eje de cultura de la organización.
d) El eje normativo.

19. ¿Qué herramienta se pondrá en marcha para facilitar la conciliación en el empleo público?

a) Reducción obligatoria de jornada para mujeres.
b) Un sistema de guarderías internas.
c) Una bolsa de horas para cubrir necesidades de conciliación.
d) Exención de guardias para el personal con hijos.

20. ¿Qué finalidad tiene el análisis de datos desagregados por sexo?

a) Reforzar las estadísticas nacionales exclusivamente.
b) Comprobar la eficiencia financiera de la Administración.
c) Conocer la situación diferenciada de mujeres y hombres.
d) Estudiar la natalidad y la fecundidad de la región.

En MADTEST tienes **más preguntas de este tema**, y todos tus avances quedan registrados y se reflejan en el ranking.

¡Supera tus límites con MADTEST!

Solución al test n.º 8

1. b) 14.

2. c) Garantizar la efectiva igualdad de derechos, trato y oportunidades entre mujeres y hombres.

3. c) En los ámbitos tanto público como privado.

4. b) Transversal.

5. d) Igualdad de trato.

6. c) El comportamiento realizado en función del sexo de una persona, con el propósito de atentar contra su dignidad.

7. a) Al mantenimiento y mejora del nivel de salud de mujeres y hombres promoviendo la desaparición de las desigualdades de género en el campo de la salud.

8. b) La Elaboración de protocolos de atención y coordinación.

9. a) Promueva la presencia equilibrada de mujeres y hombres en los órganos de selección y valoración.

10. d) Al Consejo de Gobierno.

11. d) Oficina de Coordinación de Prevención de Riesgos Laborales y Salud Laboral.

12. d) Las personas a que se refieren las letras b y c, conjuntamente.

13. d) La integración del principio de igualdad.

14. b) Las personas.

15. a) Los procesos de trabajo.

16. b) Maternidad.

17. b) Promover la desaparición de las desigualdades de género en la salud.

18. c) El eje de cultura de la organización.

19. c) Una bolsa de horas para cubrir necesidades de conciliación.

20. c) Conocer la situación diferenciada de mujeres y hombres.

TEST N.º 9

Ley 7/2019, de 29 de marzo, de Salud. Estructura orgánica y funcionamiento (Sección Primera, Capítulo Dos del Título IX). Organización territorial del Servicio de Salud del Principado de Asturias (Capítulo III del Decreto 189/2023, de 15 de septiembre, por el que se establece la estructura orgánica básica de los órganos de dirección y gestión del Servicio de Salud del Principado de Asturias)

1. El Sespa es:

a) Un organismo autónomo.
b) Un Ente de Derecho Público.
c) Una Fundación.
d) Un Ente de Derecho Público dotado de personalidad jurídica plena.

2. El principal instrumento de planificación territorial sanitaria de la Comunidad Autónoma asturiana para la correcta asignación de los recursos, incluyendo la sectorización de los servicios, es:

a) Los distritos de Salud.
b) Las Áreas sanitarias.
c) El Mapa sanitario.
d) Zonas Especiales de salud.

3. El Sistema Sanitario del Principado de Asturias se ordena en demarcaciones territoriales denominadas:

a) Zonas Básicas de Salud.
b) Las Áreas sanitarias.
c) Áreas de Salud.
d) Los distritos de Salud.

4. ¿Cuándo pueden constituirse Zonas Especiales de Salud en Asturias?

a) Cuando no existan Áreas de Salud.

b) Cuando concurran singulares condiciones socioeconómicas, demográficas y de comunicaciones.

c) Cuando además del equipo de atención primaria coexistan en la zona equipos de atención especializada.

d) Cuando no se aconseje constituir Distritos de Salud.

5. ¿Quién asume la presidencia del Consejo de Administración del Servicio de Salud del Principado de Asturias?

a) El Director Gerente.

b) El Secretario General.

c) El Consejero competente en materia de sanidad.

d) Ninguna es correcta.

6. ¿Cuántos Vocales designados por las Consejerías competentes en materia de función pública y en materia económica y presupuestaria componen el Consejo de Administración del Sespa?

a) Cuatro.

b) Tres.

c) Dos.

d) Uno.

7. La Memoria Anual del Sespa la aprueba:

a) El Consejero competente en materia de Sanidad.

b) La Dirección Gerencia.

c) El Consejo de Dirección.

d) El Consejo de Administración.

8. ¿Quién ostenta la representación legal del Sespa en todo tipo de actuaciones judiciales y extrajudiciales?

a) El Consejo de Administración.

b) La Dirección Gerencia.

c) El Consejo de Dirección.

d) El Consejo de Salud de Zona.

9. El órgano de participación comunitaria en el Área de Salud se denomina:

a) Consejo de Salud de Zona.

b) Gerencia del Área de Salud.

c) Consejo de Dirección.
d) Consejo de Salud de Área.

10. ¿Qué órgano es el encargado de nombrar al personal estatutario y contratar al personal laboral del Sespa?

a) El Consejo de Dirección.
b) El Director Gerente.
c) El Consejo de Administración.
d) El consejero competente en materia de Sanidad.

11. ¿A quién le corresponde la promoción de protocolos de actuación que garanticen la máxima eficacia y eficiencia ante problemas relevantes de salud de la población?

a) A la Dirección de atención y evaluación sanitaria.
b) A la Dirección de Profesionales.
c) A la Dirección Económico-financiera y de infraestructuras.
d) A la Dirección de Coordinación, Resultados en Salud y Comunicación.

12. La Unidad de Coordinación del Programa Marco de Atención a Urgencias y Emergencias Sanitarias, se adscribe a:

a) La Dirección de Profesionales.
b) La Dirección Económico-financiera y de infraestructuras.
c) La Dirección de Coordinación, Resultados en Salud y Comunicación.
d) La Dirección de atención y evaluación sanitaria.

13. Subdirección de Organización de Servicios Sanitarios asume la función de:

a) Seguimiento de la implantación de los planes de cuidados.
b) Coordinación y desarrollo de los planes y estrategias de cuidados en el conjunto de centros y unidades del Sespa.
c) Desarrollo y aplicación de medidas de promoción de la salud.
d) Coordinación, evaluación y control de las actividades asistenciales de las Áreas de Salud.

14. La función de instruir los procedimientos disciplinarios al personal de las instituciones y centros sanitarios públicos dependientes del Sespa corresponde:

a) A la Dirección de profesionales.
b) A la Subdirección de Organización de Servicios Sanitarios.
c) Al Servicio de Inspección.
d) A la Subdirección de Organización de Servicios Sanitarios.

15. Indique la opción correcta en relación a la Dirección de Profesionales:

a) Tiene como función la gestión de la prestación farmacéutica de las Áreas de Salud.

b) Le corresponde elaborar los criterios y especificaciones técnicas para incorporar y adquirir medicamentos.

c) De esta Dirección depende la Subdirección de Profesionales.

d) La identificación de propuestas orientadas a optimizar la gestión y funcionamiento de las instalaciones que integran el Sespa.

16. La Unidad de Selección de Personal se configura en:

a) La Subdirección de Evaluación y Planificación de Recursos Humanos.

b) La Unidad de Costes y Sistemas de Información de Personal.

c) El Servicio de Inspección.

d) Oficina de Coordinación de Prevención de Riesgos Laborales y Salud Laboral.

17. Corresponde a la Dirección de Gestión Económico-Financiera y de Infraestructuras las siguientes funciones:

a) La aplicación, en el ámbito del Sespa, de las políticas económico-financieras y de aprovisionamiento y distribución de bienes y servicios necesarios para la actividad de atención sanitaria.

b) El asesoramiento a la Dirección Gerencia en la elaboración del anteproyecto de presupuesto y modificaciones presupuestarias del Sespa.

c) El control, seguimiento y evaluación de la ejecución del presupuesto del Sespa.

d) Todas son correctas.

18. La Dirección Económico-Financiera y de Infraestructuras se estructura en la unidad de:

a) Subdirección de Gestión.

b) Oficina de Coordinación de Prevención de Riesgos Laborales y Salud Laboral.

c) Unidad de Costes y Sistemas de Información de Personal.

d) Ninguna es correcta.

19. La coordinación en materia de prevención de riesgos laborales en el ámbito del Sespa, sin perjuicio de las competencias atribuidas a otros organismos, es una competencia de:

a) Unidad de Selección de Personal.

b) Subdirección de Evaluación y Planificación de Recursos Humanos.

c) Subdirección de Profesionales.

d) Oficina de Coordinación de Prevención de Riesgos Laborales y Salud Laboral.

20. Indique cuál de las siguientes funciones corresponde a la Dirección de Gestión Económico-Financiera y de Infraestructuras:

a) La definición funcional, explotación y control de los sistemas de información necesarios para el ejercicio de sus funciones.

b) El establecimiento de los criterios del aprovisionamiento y gestión logística del Sespa y de las líneas generales de compras de suministros y servicios en el ámbito de su competencia.

c) El impulso y coordinación de las acciones de implantación de sistemas de información que resulten derivados de la planificación estratégica definida por la Consejería.

d) Todas son correctas.

Solución al test n.º 9

1. b) Un Ente de Derecho Público.

2. c) El Mapa sanitario.

3. c) Áreas de Salud.

4. b) Cuando concurran singulares condiciones socioeconómicas, demográficas y de comunicaciones.

5. c) El Consejero competente en materia de sanidad.

6. c) Dos.

7. d) El Consejo de Administración.

8. b) La Dirección Gerencia.

9. d) Consejo de Salud de Área.

10. b) El Director Gerente.

11. a) A la Dirección de atención y evaluación sanitaria.

12. d) La Dirección de atención y evaluación sanitaria.

13. d) Coordinación, evaluación y control de las actividades asistenciales de las Áreas de Salud.

14. c) Al Servicio de Inspección.

15. c) De esta Dirección depende la Subdirección de Profesionales.

16. a) La Subdirección de Evaluación y Planificación de Recursos Humanos.

17. d) Todas son correctas.

18. a) Subdirección de Gestión.

19. d) Oficina de Coordinación de Prevención de Riesgos Laborales y Salud Laboral.

20. d) Todas son correctas.

PARTE ESPECÍFICA

Sistemas de información utilizados en Atención Primaria: características generales. Historia Clínica. Sistemas de registro y archivos

1. ¿Cuál es el principal objetivo del análisis de la información dentro de un sistema sanitario?

a) Recolectar datos de la población general.
b) Transmitir resultados entre servicios.
c) Evaluar la carga administrativa.
d) Interpretar datos para apoyar decisiones sanitarias.

2. ¿Qué tipo de fuente de información se considera interna en el contexto sanitario?

a) Censos nacionales.
b) Registros clínicos electrónicos.
c) Encuestas demográficas.
d) Informes meteorológicos.

3. ¿Qué grupo profesional emplea el sistema de información sanitaria para mejorar prácticas clínicas y diagnósticas?

a) Ciudadanos.
b) Personal administrativo.
c) Profesionales sanitarios.
d) Técnicos de mantenimiento.

4. ¿Qué documento clínico registra la administración farmacológica prescrita a lo largo del ingreso hospitalario?

a) Informe clínico de alta.
b) Hoja de evolución médica.
c) Impreso de solicitud de pruebas.
d) Orden de tratamiento.

5. Según la Ley 41/2002, ¿cuál de las siguientes afirmaciones sobre la Historia Clínica es correcta?

a) Puede ser compartida sin consentimiento del paciente.
b) Es un documento exclusivamente médico.
c) Es un conjunto documental vinculado a los procesos asistenciales.
d) Se elimina al alta hospitalaria.

6. ¿Qué documento registra la atención de enfermería prestada al paciente durante su paso por urgencias?

a) Hoja de ingreso.
b) Informe de anestesia.
c) Historia de enfermería.
d) Hoja de Enfermería de urgencias.

7. ¿Qué medida establece la Ley 41/2002 para proteger la identidad del paciente en estudios epidemiológicos?

a) Requiere aprobación ética hospitalaria.
b) Establece la obligación de destruir los datos.
c) Permite acceso libre por parte del investigador.
d) Obliga a separar datos identificativos de los clínicos.

8. ¿Cómo se denomina el archivo que contiene historias clínicas que no han sido consultadas en más de cinco años?

a) Archivo activo.
b) Archivo provisional.
c) Archivo de seguridad.
d) Archivo de pasivos.

9. ¿Qué elemento se encuentra incluido en la Historia Clínica como contenido mínimo obligatorio según la normativa vigente?

a) Diagnóstico por imagen.
b) Orden de tratamiento.
c) Informe clínico de alta.
d) Historia familiar.

10. ¿Qué característica del sistema digital del SESPA garantiza la seguridad de los datos clínicos registrados?

a) Uso de contraseñas genéricas.
b) Compartición libre entre centros.
c) Aplicación de políticas del Esquema Nacional de Seguridad.
d) Exclusividad para odontólogos.

11. ¿Qué tipo de documento registra los antecedentes ginecológicos, menstruales y obstétricos de una paciente?

a) Hoja de ingreso.
b) Historia familiar.
c) Historia médica general.
d) Historia de enfermería.

12. ¿Qué ley establece los criterios para el acceso del paciente a su Historia Clínica?

a) Ley 15/1999.
b) Ley General de Sanidad.
c) Ley 41/2002.
d) Real Decreto 69/2015.

13. ¿Qué documento debe firmar el paciente para autorizar una intervención con riesgo clínico?

a) Impreso de solicitud de cita.
b) Informe clínico.
c) Consentimiento informado.
d) Hoja operatoria.

14. ¿Qué ley obliga a conservar la documentación clínica durante al menos cinco años desde el alta?

a) Ley de Cohesión y Calidad.
b) Ley 41/2002.
c) Real Decreto 1093/2010.
d) Ley de Protección de Datos.

15. ¿Qué indicador refleja el estado de salud bucodental considerando dientes cariados, perdidos y obturados?

a) Índice de placa.
b) Índice CPO-d.
c) Índice gingival.
d) Índice periodontal.

16. ¿Qué índice cuantifica la presencia de placa teñida mediante revelador en las cuatro caras del diente?

a) Índice de higiene oral de Greene y Vermillion.
b) Índice de Silness y Löe.
c) Índice de O'Leary.
d) Índice PMA.

17. ¿Qué clasificación utiliza el código 4 para bolsas periodontales de más de 6 mm?

a) Índice PMA.
b) Índice de Ramfjord.
c) Índice de la OMS (CPI).
d) Índice de sangrado al sondaje.

18. ¿Qué índice mide el estado gingival valorando color, textura y sangrado al sondaje?

a) Índice de Dean.
b) Índice de placa de Silness.
c) Índice gingival de Silness y Löe.
d) Índice CPO.

19. ¿Qué nombre recibe el sistema que permite a los pacientes del SESPA acceder a sus informes y resultados clínicos?

a) InfoPac.
b) SaludEnRed.
c) miHistoria.
d) SES-Connect.

20. ¿Qué código en el CPI indica sangrado al sondaje sin presencia de bolsas ni sarro?

a) 0.
b) 1.
c) 2.
d) 3.

En MADTEST tienes **más preguntas de este tema**, y todos tus avances quedan registrados y se reflejan en el ranking.

¡Supera tus límites con MADTEST!

Solución al test n.º 10

1. d) Interpretar datos para apoyar decisiones sanitarias.

2. b) Registros clínicos electrónicos.

3. c) Profesionales sanitarios.

4. d) Orden de tratamiento.

5. c) Es un conjunto documental vinculado a los procesos asistenciales.

6. d) Hoja de Enfermería de urgencias.

7. d) Obliga a separar datos identificativos de los clínicos.

8. d) Archivo de pasivos.

9. c) Informe clínico de alta.

10. c) Aplicación de políticas del Esquema Nacional de Seguridad.

11. d) Historia de enfermería.

12. c) Ley 41/2002.

13. c) Consentimiento informado.

14. b) Ley 41/2002.

15. b) Índice CPO-d.

16. c) Índice de O'Leary.

17. c) Índice de la OMS (CPI).

18. c) Índice gingival de Silness y Löe.

19. c) miHistoria.

20. b) 1.

TEST N.º 11

Desarrollo embriológico de los órganos orofaciales. Odontogénesis, dentición temporal y definitiva. Flora microbiana oral normal. Inmunidad: deficinición. Sistema inmunitario

1. ¿Cómo se denomina la sustancia grasienta, de color blanquecino, que se deposita en la piel al final de la vida uterina?

a) Lanugo.
b) Vérnix caseosa.
c) Grasa parda.
d) Grasa alba.

2. ¿Qué longitud aproximada (en cm) tendrá el feto al final de la vida uterina?

a) 30 cm.
b) 40 cm.
c) 50 cm.
d) 65 cm.

3. ¿Sobre qué mes de gestación el cuerpo del feto está cubierto de lanugo?

a) 3º y 4º.
b) 4º y 5º.
c) 6º y 7º.
d) 8º y 9º.

4. ¿En qué semana de la vida intrauterina se lleva a cabo el desarrollo del aparato branquial?

a) La semana 4.ª.
b) La semana 6.ª.
c) La semana 8.ª.
d) La semana 10.ª.

5. Las primeras modificaciones observables del desarrollo de la cara humana empiezan durante la semana de vida intrauterina:

a) Segunda.
b) Cuarta.
c) Octava.
d) Doceava.

6. Los arcos branquiales se denominan también arcos:

a) Epiglóticos.
b) Laríngeos.
c) Faríngeos.
d) Traqueales.

7. ¿Cuántos pares de arcos faríngeos poseemos embriológicamente?

a) 2.
b) 4.
c) 6.
d) 8.

8. ¿De dónde proceden embriológicamente los gérmenes dentarios?

a) Proceden del mesodermo.
b) Proceden del tubo neural.
c) Proceden del ectodermo.
d) Proceden del endodermo.

9. ¿Cuándo se produce la diferenciación celular de los tejidos duros del diente?

a) En la fase de brote.
b) En la fase de casquete.
c) En la fase de campana.
d) En la fase de calcificación.

10. ¿En qué momento de la Odontogénesis se va a producir la formación de la raíz del diente?

a) En el 3.er mes intrauterinamente (prenatalmente).
b) En el 6.º mes intrauterinamente (prenatalmente).
c) En el 3. er mes extrauterinamente (posparto).
d) En el 6.º mes extrauterinamente (posparto).

11. ¿Qué patología de estas ocasiona la hipoplasia irreversible del esmalte dental?

a) Enfermedad celíaca no tratada.
b) Enfermedad de Crohn.
c) Enfermedad de Cushing.
d) La diabetes sacarina.

12. ¿Qué trastorno de los que se apuntan a continuación relativos al desarrollo de los tejidos duros del diente se produce por un desarrollo excesivo?

a) Anodoncia.
b) Hipodoncia.
c) Erupción tardía.
d) Erupción precoz.

13. ¿En qué fase de un desarrollo deficiente dentario aparecen los denominados molares en "mora"?

a) En la fase de proliferación.
b) En la fase de histodiferenciación.
c) En la fase de aposición.
d) En la fase de erupción.

14. ¿Qué desarrollo dentario alterado no es deficiente sino excesivo de los que se nombra?

a) Hipoplasia del esmalte.
b) Dentinogénesis imperfecta.
c) Incisivos de Hutchinson.
d) Microdoncia.

15. ¿Qué hongos pueden convertirse en patógenos oportunistas?

a) Hongos comensales.
b) Hongos saprofitos.
c) Hongos mutualistas o simbiontes.
d) Tanto los comensales como los saprofitos.

16. ¿Cómo se denomina la unidad estructural de los hongos filamentosos?

a) Micelio.
b) Hifa.
c) Pseudohifa.
d) Yema.

17. ¿Cómo se denomina la primera fase del ciclo viral como parásito intracelular obligado?

a) Fijación.
b) Penetración.
c) Traslocación.
d) Decapsidación.

18. ¿Cómo se denomina la infección cuando el virus no se replica inmediatamente, sino que permanece acoplado al cromosoma durante tiempo?

a) Infección activa.
b) Infección lítica.
c) Infección latente.
d) Infección persistente.

19. ¿Quiénes forman generalmente la flora microbiana humana?

a) Está formada esencialmente por virus.
b) Está formada esencialmente por hongos.
c) Está formada esencialmente por bacterias.
d) Está formada esencialmente por protozoos.

20. ¿De dónde proceden los microorganismos desde el momento del nacimiento por parto natural?

a) Provienen del pecho materno.
b) Provienen de canal vaginal materno.
c) Provienen de la boca de la madre.
d) Provienen de la boca del padre.

En MADTEST tienes **más preguntas de este tema**, y todos tus avances quedan registrados y se reflejan en el ranking.

¡Supera tus límites con MADTEST!

Solución al test n.º 11

1. b) Vérnix caseosa.

2. c) 50 cm.

3. b) 4.º y 5.º.

4. a) La semana 4.ª.

5. b) Cuarta.

6. c) Faríngeos.

7. c) 6.

8. c) Proceden del ectodermo.

9. c) En la fase de campana.

10. d) En el 6.º mes extrauterinamente (posparto).

11. a) Enfermedad celíaca no tratada.

12. d) Erupción precoz.

13. c) En la fase de aposición.

14. b) Dentinogénesis imperfecta.

15. d) Tanto los comensales como los saprofitos.

16. b) Hifa.

17. a) Fijación.

18. c) Infección latente.

19. c) Está formada esencialmente por bacterias.

20. b) Provienen de canal vaginal materno.

TEST N.º 12

Estructuras anatómicas de cabeza y cuello. Características morfológicas. Fisiología del aparato estomatognático. Articulación temporo-mandibular, estructuras asociadas. Huesos y articulaciones de la cabeza y el cuello

1. ¿Cómo se denomina la fontanela anterior situada entre los huesos parietales y el frontal en recién nacidos?

a) Lambda.
b) Bregma.
c) Delta.
d) Épsilon.

2. ¿Qué hueso de la cara es impar?

a) Mandíbula.
b) Maxilares.
c) Nasales.
d) Palatinos.

3. ¿Qué hueso del cráneo es par?

a) Parietal.
b) Occipital.
c) Frontal.
d) Etmoides.

4. ¿Qué hueso del cráneo pertenece a una articulación móvil, que no es sutura?

a) Parietal.
b) Occipital.
c) Mandíbula.
d) Vómer.

5. ¿Qué hueso no pertenece a la cara?

a) Mandíbula.
b) Maxilares.
c) Frontal.
d) Todos pertenecen a la cara.

6. ¿A qué se le denomina técnicamente condrocráneo?

a) A la base del cráneo.
b) Al macizo maxilofacial.
c) A la bóveda del cráneo.
d) A la cara.

7. ¿Cuántos huesos posee el cráneo?

a) 12.
b) 10.
c) 8.
d) 6.

8. ¿Cómo se denominan los huesos que presenta de forma inconstante el cráneo?

a) Huesos supernumerarios.
b) Huesos dobles.
c) Huesos vormianos.
d) Huesos sesamoideos.

9. ¿Qué hueso del cráneo se localiza en la parte anterior del cráneo, encima del macizo facial?

a) Frontal.
b) Temporal.
c) Occipital.
d) Parietal.

10. ¿Qué estructura media y prominente se localiza en la lámina vertical del hueso etmoides en su parte superior?

a) Escotadura etmoidonasal.
b) Apófisis *crista galli*.
c) Lámina cribosa.
d) Apófisis ascendente del maxilar superior.

11. ¿Cuántos pares de alas posee el hueso esfenoides?

a) 1 par.
b) 2 pares.

c) 3 pares.
d) 4 pares.

12. ¿Qué estructura forma la parte superior del conducto auditivo externo?

a) Concha del temporal.
b) Zona timpánica del temporal.
c) Peñasco del temporal.
d) Zona petrosa del temporal.

13. ¿Qué forma tiene la zona petrosa o peñasco del temporal?

a) Esférica.
b) Pirámide pentagonal.
c) Pirámide cuadrangular.
d) Cilíndrica.

14. ¿En qué hueso del cráneo está el foramen *magnum*?

a) En el frontal.
b) En el temporal.
c) En el occipital.
d) En el parietal.

15. ¿En qué hueso de la cara se localiza el seno maxilar?

a) En el maxilar inferior.
b) En el malar.
c) En el nasal.
d) En el maxilar superior.

16. ¿Qué huesos de estos forman parte del techo de la boca (paladar duro) o tabique que separa la cavidad oral de las?

a) Unguis y malares.
b) Malares y maxilares superiores.
c) Unguis y vómer.
d) Palatinos y maxilares superiores.

17. ¿Qué parte de la mandíbula es la marcada en la imagen?

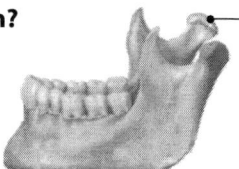

a) Escotadura mandibular.
b) Cabeza de la mandíbula.
c) Ángulo de la mandíbula.
d) Cuerpo de la mandíbula.

18. ¿Con qué estructuras posee contacto el espacio parafaríngeo del cuello?

a) Con las amígdalas y las trompas de Eustaquio.
b) Con las trompas de Eustaquio y las glándulas parótidas.
c) Con las arcadas dentarias inferiores.
d) Con la raíz de la lengua y la pituitaria amarilla.

19. ¿Qué hueso de estos pertenece al cuello?

a) Mandíbula, parte mentoniana.
b) Tiroides.
c) Hioides.
d) Cricoides.

20. ¿Qué cualidad de la ATM no es cierta?

a) Es móvil.
b) Es asimétrica.
c) Es doble.
d) Está formada por la articulación de la mandíbula y el hueso temporal homolateral.

En MADTEST tienes **más preguntas de este tema**, y todos tus avances quedan registrados y se reflejan en el ranking.

¡Supera tus límites con MADTEST!

Solución al test n.º 12

1. b) Bregma.

2. a) Mandíbula.

3. a) Parietal.

4. c) Mandíbula.

5. c) Frontal.

6. a) A la base del cráneo.

7. c) 8.

8. c) Huesos vormianos.

9. a) Frontal.

10. b) Apófisis *crista galli*.

11. c) 3 pares.

12. a) Concha del temporal.

13. c) Pirámide cuadrangular.

14. c) En el occipital.

15. d) En el maxilar superior.

16. d) Palatinos y maxilares superiores.

17. b) Cabeza de la mandíbula.

18. a) Con las amígdalas y las trompas de Eustaquio.

19. c) Hioides.

20. b) Es asimétrica.

TEST N.º 13

Músculos de la masticación, deglución, lenguaje oral y del gesto. Inervación y vascularización bucodental y estructuras asociadas

1. ¿Cómo se denomina la trituración de los alimentos con la boca?

a) Masticación.
b) Rumiación.
c) Regurgitación.
d) Odinofagia.

2. ¿Cómo se denominan también los músculos masticatorios principales?

a) Músculos deglutorios.
b) Músculos supramaxilares.
c) Músculos inframaxilares.
d) Músculos infraesofágicos.

3. ¿Qué músculo masticatorio no es principal?

a) Músculos temporales.
b) Músculos maseteros.
c) Músculos pterigoideos internos y externos.
d) Músculos digástricos.

4. ¿Qué nervio inerva los músculos principales de la masticación?

a) Nervio mandibular.
b) Cuarta rama del trigémino.
c) Tercera rama del facial.
d) Son ciertas las respuestas a) y b).

5. El nervio mandibular es:

a) Segunda rama del trigémino.
b) Tercera rama del trigémino.

c) Cuarta rama del trigémino.
d) Quinta rama del trigémino.

6. ¿Cómo se denominan también a los músculos principales de la masticación por la función qué realizan?

a) Músculos elevadores de la mandíbula.
b) Músculos depresores de la mandíbula.
c) Músculos fonadores.
d) Músculos articuladores.

7. ¿Qué funciones poseen los músculos principales de la masticación?

a) Elevación de la mandíbula y protrusión.
b) Protrusión y lateralidad.
c) Elevación de la mandíbula y lateralidad.
d) Elevación de la mandíbula, protrusión y lateralidad.

8. ¿Qué músculos principales de la mandíbula se insertan en la apófisis coronoides de la mandíbula?

a) Músculos temporales.
b) Músculos maseteros.
c) Músculos pterigoideos internos.
d) Músculos pterigoideos externos.

9. ¿Qué músculos principales de la mandíbula tienen forma de abanico?

a) Temporales.
b) Maseteros.
c) Pterigoideos internos.
d) Pterigoideos externos.

10. ¿Qué músculo masticatorio principal tiene su origen en el ala mayor del hueso esfenoides?

a) Temporal.
b) Masetero.
c) Pterigoideo externo vientre superior.
d) Pterigoideo externo vientre inferior.

11. ¿Qué músculos masticatorios de estos contribuyen a la apertura de la boca?

a) Músculos temporales.
b) Músculos maseteros.

c) Músculos secundarios.
d) Músculos terciarios.

12. ¿Qué músculo no es suprahioideo?

a) Digástrico.
b) Estilohioideo.
c) Milohioideo.
d) Tirohioideo.

13. ¿A quiénes, funcionalmente, son opuestos los músculos suprahioideos?

a) A los músculos infrahioideos del cuello.
b) A los músculos temporales del cráneo.
c) A los músculos pterigoideos laterales del arco maxilar.
d) A los músculos pterigoideos mediales del arco maxilar.

14. ¿Quién ayuda al descenso mandibular de los músculos suprahioideos?

a) Los músculos pterigoideos laterales y la gravedad.
b) Los músculos pterigoideos mediales y la gravedad.
c) Los músculos pterigoideos internos y la gravedad.
d) La secreción salival y la raíz lingual.

15. ¿Qué músculos forman mediante su unión el diafragma oral?

a) El músculo tirohioideo.
b) El músculo estilohioideo.
c) El músculo omohioideo.
d) Los músculos milohioideos.

16. ¿Qué par craneal inerva a los músculos masticatorios secundarios denominados estilohioideos?

a) V.
b) VI.
c) VII.
d) XII.

17. ¿Cómo se denomina la fase de preparación del acto de la deglución?

a) Fase craneal.
b) Fase bucal.
c) Fase faríngea.
d) Fase esofágica.

18. ¿Qué músculo de estos es de la lengua?

a) Palatogloso.
b) Pterogoideos.
c) Esternohioideo.
d) Esternotiroideo.

19. ¿Qué músculos son los ácigos de la "campanilla"?

a) Músculos palatoestafilinos.
b) Músculos palatoglosos externos.
c) Músculos periestafilinos.
d) Músculos palatoglosos internos.

20. ¿Qué músculos llevan a cabo la elevación del velo del paladar?

a) Los músculos palatoestafilinos externos.
b) Los músculos palatoestafilinos internos.
c) Los músculos periestafilinos externos.
d) Los periestafilinos internos.

En MADTEST tienes **más preguntas de este tema**, y todos tus avances quedan registrados y se reflejan en el ranking.

¡Supera tus límites con MADTEST!

Solución al test n.º 13

1. a) Masticación.

2. b) Músculos supramaxilares.

3. d) Músculos digástricos.

4. a) Nervio mandibular.

5. b) Tercera rama del trigémino.

6. a) Músculos elevadores de la mandíbula.

7. d) Elevación de la mandíbula, protrusión y lateralidad.

8. a) Músculos temporales.

9. a) Temporales.

10. c) Pterigoideo externo vientre superior.

11. c) Músculos secundarios.

12. d) Tirohioideo.

13. a) A los músculos infrahioideos del cuello.

14. a) Los músculos pterigoideos laterales y la gravedad.

15. d) Los músculos milohioideos.

16. c) VII.

17. b) Fase bucal.

18. a) Palatogloso.

19. a) Músculos palatoestafilinos.

20. d) Los periestafilinos internos.

TEST N.º 14

Anatomía dental: características generales de los dientes. Odontograma. Tipos de dentición. Diferencia entre dentición temporal y permanente. Anomalías de la dentición

1. ¿Qué es cierto del esmalte?

a) En su recorrido existen vasos sanguíneos que lo nutren.
b) Tiene células en su estructura, formadora de sustancia fundamental dentaria.
c) Es la superficie dura y mate que recubre la corona de los dientes.
d) No puede regenerarse.

2. ¿De dónde procede la dentina embriológicamente?

a) Del ectodermo.
b) Del mesodermo.
c) Del endodermo.
d) Del tubo neural.

3. ¿Qué fibras perforan el cemento del diente?

a) Las fibras de Tomes.
b) Las fibras de Sharpey.
c) Las fibras ebúrneas.
d) Las fibras de Retzius.

4. ¿Dónde se localizan las células madres o mesenquimatosas de los odontoblastos?

a) En la dentina.
b) En la pulpa.
c) En el esmalte.
d) En el cemento.

5. ¿Qué cara libre y visible de la corona está en contacto con el labio?

a) Cara palatina.
b) Cara lingual.
c) Cara basal.
d) Cara vestibular.

6. ¿Cómo se denomina el lugar en el que el tronco radicular se divide en raíces diferentes en dientes con múltiples raíces?

a) Furca o furcación.
b) Cérvix.
c) Tronco radicular.
d) Dilaceración.

7. ¿Qué dientes son unirradiculares, con un borde cortante de dos direcciones y dos vertientes?

a) Incisivos.
b) Caninos.
c) Premolares.
d) Molares.

8. ¿Qué afirmación es incorrecta de la cara palatina del canino superior definitivo?

a) Es más estrecha que la vestibular.
b) Los rebordes marginales están bien marcados.
c) El reborde marginal distal es más largo y estrecho que el mesial que es más corto y ancho.
d) Es menos cóncava, excepto en el tercio cervical que tiene el cíngulo más desarrollado.

9. Todo lo que se dice del canino inferior respecto al superior definitivo es cierto, excepto:

a) Con una corona más larga.
b) Con una corona más ancha.
c) De menor tamaño.
d) Con una raíz más corta.

10. ¿Cuántas cúspides posee la corona del primer molar inferior definitivo?

a) 2.
b) 3.
c) 4.
d) 5.

11. ¿Cómo se denomina cuando el diente no está en su posición normal?

a) Diente pseudoerupcionado.
b) Diente rotado.
c) Diente traspuesto.
d) Diente hipermaduro.

12. ¿Cuál es la causa de la abrasión de Melfi?

a) Empleo de un palillo entre los incisivos superiores.
b) Uso de cepillos con cerdas duras.
c) Utilización de un dentífrico arenoso.
d) Todo lo anterior es cierto.

13. ¿Cómo se denomina la patología dental que se da cuando los dientes han perdido el ligamento dental y están fusionados con la apófisis alveolar o el hueso?

a) Atrición.
b) Erosión.
c) Anquilosis.
d) Rotación.

14. ¿Qué heterotopia se da cuando el diente no erupciona y se encuentra incluido en una posición anómala alejada de su localización habitual, quedando así aislado del exterior?

a) Una ectopia.
b) Un enclavamiento.
c) Una trasposición.
d) Una inclusión.

15. ¿Cuál de estas circunstancias dentinarias se ajusta más a una agenesia?

a) Paramolar.
b) Oligodoncia.
c) Peridens.
d) Distomolar.

16. ¿Qué antibiótico de estos puede afectar la coloración normal de los dientes temporales o/y permanentes?

a) Ampicilina.
b) Amoxicilina.
c) Tetraciclina.
d) Penicilina.

17. ¿Qué trastorno de la erupción no es hipergenésico?

a) Mesiodens.
b) Hipodoncia.
c) Paramolar.
d) Peridens.

18. ¿Qué anomalía dental no es coronal?

a) Germinación.
b) Dens in dens.
c) Dientes de Hutchinson.
d) Fusión.

19. ¿Cómo se denomina la ausencia de todos los dientes?

a) Hipodoncia.
b) Microdoncia.
c) Anodoncia.
d) Oligodoncia.

20. ¿Qué anomalía de la dentición se aprecia en este panorex?

a) Anodoncia.
b) Dislaceración.
c) Microdoncia.
d) Oligodoncia.

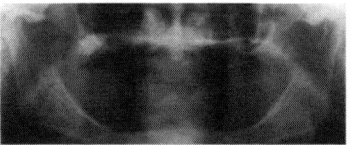

En MADTEST tienes **más preguntas de este tema**, y todos tus avances quedan registrados y se reflejan en el ranking.

¡Supera tus límites con MADTEST!

Solución al test n.º 14

1. d) No puede regenerarse.

2. b) Del mesodermo.

3. b) Las fibras de Sharpey.

4. b) En la pulpa.

5. d) Cara vestibular.

6. a) Furca o furcación.

7. b) Caninos.

8. c) El reborde marginal distal es más largo y estrecho que el mesial que es más corto y ancho.

9. b) Con una corona más ancha.

10. d) 5.

11. c) Diente traspuesto.

12. a) Empleo de un palillo entre los incisivos superiores.

13. c) Anquilosis.

14. d) Una inclusión.

15. b) Oligodoncia.

16. c) Tetraciclina.

17. b) Hipodoncia.

18. b) Dens in dens.

19. c) Anodoncia.

20. a) Anodoncia.

TEST N.º 15

Oclusión y maloclusión: concepto, tipos y prevención. Hábitos nocivos. Epidemiología de las maloclusiones. Etiología

1. ¿Qué se define como la existencia de contactos bilaterales en todas las excursiones de la mandíbula, para evitar el desplazamiento de las dentaduras?

a) Maloclusión ideal.
b) Oclusión ideal.
c) Oclusión balanceada.
d) Oclusión equilibrada.

2. ¿Qué se define como la forma en que ajustan los dientes superiores e inferiores?

a) Articulación.
b) Oclusión.
c) Sobreplano.
d) Mordida.

3. ¿Qué articulación de estas no interviene en la oclusión?

a) La oclusal.
b) La alveolodentaria.
c) La palatoglosa.
d) La ATM.

4. ¿Qué oclusión se observa cuando se ven los contactos dentarios en los movimientos mandibulares?

a) Oclusión grácil.
b) Oclusión pasiva.
c) Oclusión dinámica.
d) Oclusión estática.

5. ¿Qué músculos no intervienen en la elevación de la mandíbula?

a) Los músculos pterigoideos.
b) Los músculos periestafilinos.
c) Los músculos temporales.
d) Los músculos maseteros.

6. ¿Qué posición de oclusión dentaria es aquella que se da cuando se establece el mayor número de contactos dentarios?

a) Indica su acrónimo OC.
b) Indica su acrónimo MI.
c) Indica su acrónimo RC.
d) Indica su acrónimo OI.

7. ¿Qué posición de la oclusión dentaria es considerada la más equilibrada, y es por ello que siempre se hace referencia a ella en los tratamientos restauradores?

a) Oclusión centrada.
b) Máxima intercuspidación central.
c) Oclusión ideal.
d) Posición de relación céntrica.

8. ¿Qué afirmación de estas no es coincidente con una de las características de la oclusión ideal?

a) Cada diente ocluye con dos dientes antagonistas (excepto para el incisivo central inferior y el último molar).
b) Los bordes incisales de incisivos y caninos, y las cúspides vestibulares de premolares y molares superiores deben desbordar verticalmente y horizontalmente a los dientes de la arcada inferior.
c) La línea media de la arcada superior no debe coincidir con la línea media de la arcada inferior.
d) Cada diente debe tener un contacto proximal (mesial y distal) con sus dientes vecinos, excepto el último molar (solo en mesial).

9. ¿Qué existe cuando no se produce un contacto simultáneo entre la arcada superior e inferior en oclusión céntrica?

a) Hablamos de que existe oclusión de concavidad.
b) Hablamos de que existe oclusión de convexidad.
c) Hablamos de que existe prematuridad.
d) Hablamos de que existe oclusión ideal.

10. ¿Hacia dónde tienden a desplazarse los dientes de forma fisiológica siempre que no encuentren ningún obstáculo?

a) Tienden a desplazarse a lingual.
b) Tienden a desplazarse a vestibular.

c) Tienden a desplazarse a mesial.
d) Nunca se desplazan los dientes.

11. ¿A qué edad se logra la formación completa de la oclusión temporal?

a) A los 3 años.
b) A los 7 años.
c) A los 11 años.
d) A los 15 años.

12. ¿Cómo se denomina la presencia de huecos entre dientes un año después de la formación completa de la oclusión temporal?

a) Espongiosis.
b) Leucodemas.
c) Diastemas.
d) Nada de lo anterior.

13. Respecto a la oclusión temporal es cierto que en la misma:

a) La arcada superior es siempre menor que la inferior, lo que da una superposición de los dientes superiores sobre los inferiores.
b) La arcada superior es siempre mayor que la inferior, lo que da una superposición de los dientes inferiores sobre los superiores.
c) La arcada superior es siempre mayor que la inferior, lo que da una superposición de los dientes superiores sobre los inferiores.
d) La arcada superior es siempre menor que la inferior, lo que da una superposición de los dientes inferiores sobre los superiores.

14. ¿En qué fase de la oclusión definitiva se da el fenómeno de "llave de la oclusión"?

a) 1.ª fase.
b) 2.ª fase.
c) 3.ª fase.
d) 4.ª fase.

15. Se habla de sobremordida para referirse a la distancia:

a) Horizontal entre el borde incisal del superior y del inferior.
b) Vertical entre el borde incisal del superior y del inferior.
c) Horizontal desde el borde incisal del incisivo superior a la cara vestibular del incisivo inferior.
d) Horizontal desde el borde incisal del incisivo superior a la cara lingual del incisivo superior.

16. ¿Qué es el resalte?

a) Es la distancia horizontal desde el borde incisal del incisivo superior a la cara vestibular del incisivo inferior.
b) Es la distancia horizontal desde el borde incisal del incisivo superior a la cara lingual del incisivo superior.
c) Es la distancia horizontal entre el borde incisal del superior y del inferior.
d) Es la distancia vertical entre el borde incisal del superior y del inferior.

17. ¿Qué valor presenta el resalte normal (en mm)?

a) 0-1.
b) 2-4.
c) 5-7.
d) 8-10.

18. ¿Qué es la disto-oclusión canina?

a) La clase I canina de oclusión definitiva.
b) La clase II canina de oclusión definitiva.
c) La clase III canina de oclusión definitiva.
d) La clase IV canina de oclusión definitiva.

19. ¿Cuál es la oclusión ideal de los caninos definitivos?

a) La clase I canina de oclusión definitiva.
b) La clase II canina de oclusión definitiva.
c) La clase III canina de oclusión definitiva.
d) La clase IV canina de oclusión definitiva.

20. ¿Cómo se denominan los espacios que se producen por la caída de los molares temporales (de mayor tamaño) y su sustitución por premolares (de menor tamaño)?

a) Espacios de simios.
b) Diastemas.
c) Deriva.
d) Son ciertas las respuestas a) y b).

En MADTEST tienes **más preguntas de este tema**, y todos tus avances quedan registrados y se reflejan en el ranking.

¡Supera tus límites con MADTEST!

Solución al test n.º 15

1. c) Oclusión balanceada.

2. d) Mordida.

3. c) La palatoglosa.

4. c) Oclusión dinámica.

5. b) Los músculos periestafilinos.

6. b) Indica su acrónimo MI.

7. d) Posición de relación céntrica.

8. c) La línea media de la arcada superior no debe coincidir con la línea media de la arcada inferior.

9. c) Hablamos de que existe prematuridad.

10. c) Tienden a desplazarse a mesial.

11. a) A los 3 años.

12. c) Diastemas.

13. c) La arcada superior es siempre mayor que la inferior, lo que da una superposición de los dientes superiores sobre los inferiores.

14. a) 1.ª fase.

15. b) Vertical entre el borde incisal del superior y del inferior.

16. a) Es la distancia horizontal desde el borde incisal del incisivo superior a la cara vestibular del incisivo inferior.

17. b) 2-4.

18. b) La clase II canina de oclusión definitiva.

19. a) La clase I canina de oclusión definitiva.

20. c) Deriva.

TEST N.º 16

Traumatismos bucodentales. Epidemiología. Organización del tratamiento de urgencia. Consejos y cuidados postraumatismos

1. ¿En qué tipo de traumatismo facial incluirías las contusiones?

a) Lesiones de partes blandas.
b) Lesiones de huesos.
c) Lesiones mixtas.
d) Lesiones complejas.

2. ¿Cómo se denominan las contusiones que presentan dolor, equimosis y hematoma?

a) Primer grado.
b) Segundo grado.
c) Tercer grado.
d) Cuarto grado.

3. ¿Cómo calificarías la herida bucal que afecta al conducto de Stenon?

a) Excoriación.
b) Abrasión.
c) Herida penetrante.
d) Rasguño.

4. ¿Cómo se denominan también las fracturas abiertas?

a) Simples.
b) Completas.
c) Complicadas.
d) Incompletas.

5. Las fisuras son un tipo de fractura:

a) De la infancia.
b) Incompleta.

c) Complicada.

d) Completa.

6. ¿Cómo se denominan las fracturas que presentan varios fragmentos óseos diseminados en el foco de la fractura?

a) En cuña.

b) Diastásis.

c) Acabalgadas.

d) Conminutas.

7. ¿Qué zona de la mandíbula no es considerada como débil (o fácilmente fracturable)?

a) Región de incisivos.

b) Cóndilo mandibular.

c) Región del ángulo.

d) Cuello del cóndilo.

8. ¿Cómo se denominan aquellas fracturas situadas entre el límite distal del canino y una línea vertical que coincida con el borde anterior del músculo masetero?

a) Fractura de la región sinfisaria.

b) Fractura del ángulo.

c) Fractura del cuerpo.

d) Fractura de la rama ascendente.

9. ¿Cuándo es más frecuente que aparezca hemorragias del conducto auditivo externo (otorragia) en fracturas exclusivamente mandibulares?

a) Si estas son de la apófisis coronoides.

b) Si estas son de la región sinfisaria.

c) Si estas son de la rama ascendente.

d) Si estas son de la zona alveolar.

10. ¿A qué huesos afectan las fracturas mediofaciales?

a) A los huesos maxilares.

b) A los huesos malares.

c) A los huesos palatinos y al hueso vómer.

d) Puede afectar a cualquiera de los anteriores.

11. ¿Qué fracturas simples mediofaciales se caracterizan por afectar a la bóveda palatina y sangran abundantemente?

a) Fracturas del proceso alveolar.

b) Fracturas de los huesos propios de la nariz o de los huesos nasales.

c) Fracturas de la apófisis palatina.
d) Fracturas del hueso malar o cigomático.

12. ¿Cómo se denomina la fractura compleja que afecta al hueso maxilar en su apófisis palatina, y va de delante hacia atrás, fracturándose el suelo de la nariz y la bóveda palatina?

a) Fractura Le Fort I.
b) Fractura Le Fort II.
c) Fractura Le Fort III.
d) Fractura Le Fort IV.

13. ¿Cuál de las siguientes es una manifestación clínica en la fractura Le Fort III?

a) Falta de oclusión e impotencia funcional.
b) Movilidad de los fragmentos.
c) Signo de Pietro Antoni.
d) Todas son correctas.

14. Según la clasificación de Andreasen la fractura complicada de corona afecta:

a) Al cemento pero sin exponer la pulpa.
b) Al esmalte sin pérdida de sustancia dentaria.
c) Esmalte y dentina con exposición pulpar
d) Cemento y pulpa.

15. ¿Dónde incluirías una laceración, según la clasificación de Andreasen?

a) Se incluiría como lesiones de los tejidos periodontales.
b) Se incluiría como lesiones en la encía o en mucosa bucal.
c) Se incluiría como lesiones de los tejidos duros dentarios y de pulpa.
d) Se incluiría como lesiones del hueso de sostén.

16. ¿Cómo se denomina la lesión de las estructuras que rodean al diente sin movilidad o desplazamiento anormal del mismo?

a) Aflojamiento.
b) Avulsión.
c) Concusión.
d) Contusión.

17. ¿Cómo de se denomina (según la clasificación de Ellis) la lesión que se manifiesta como un diente traumatizado desvitalizado con pérdida de estructura coronaria o sin ella?

a) Lesión clase II.
b) Lesión clase IV.

c) Lesión clase VI.
d) Lesión clase IX.

18. ¿Cuál de las clasificaciones descriptivas de lesiones traumáticas en odontología es la más empleada en la práctica?

a) Clasificación de Basrani.
b) Clasificación de Ellis.
c) Clasificación de Andreasen.
d) Clasificación de la OMS.

19. ¿En qué consiste la extrusión dental?

a) A la impactación del diente sobre el alveolo.
b) Es una fractura coronaria extensa.
c) Es la movilidad de diente dentro del alveolo.
d) Al traumatismo de dientes primarios.

20. ¿Qué tiempo aproximadamente se mantienen las suturas en la boca, de heridas traumáticas de fracturas o/y tratamientos quirúrgicos empleados de urgencia?

a) 5 días.
b) 10 días.
c) 20 días.
d) 1 mes.

En MADTEST tienes **más preguntas de este tema**, y todos tus avances quedan registrados y se reflejan en el ranking.

¡Supera tus límites con MADTEST!

Solución al test n.º 16

1. a) Lesiones de partes blandas.

2. b) Segundo grado.

3. c) Herlda penetrante.

4. c) Complicadas.

5. b) Incompleta.

6. d) Conminutas.

7. b) Cóndilo mandibular.

8. c) Fractura del cuerpo.

9. c) Si estas son de la rama ascendente.

10. d) Puede afectar a cualquiera de los anteriores.

11. c) Fracturas de la apófisis palatina.

12. a) Fractura Le Fort I.

13. d) Todas son correctas.

14. c) Esmalte y dentina con exposición pulpar.

15. b) Se incluiría como lesiones en la encía o en mucosa bucal.

16. c) Concusión.

17. b) Lesión clase IV.

18. b) Clasificación de Ellis.

19. c) Es la movilidad de diente dentro del alveolo.

20. b) 10 días.

**Infecciones odontológicas: definición, etiología y prevención.
Antisépticos orales: tipos, composición, uso e indicaciones**

1. ¿Qué afirmación es correcta con respecto a la pulpitis reversible?

a) Es sintomática.
b) Causa una hiperemia pulpar arreactiva y localizada.
c) Provocada por estímulos térmicos, cepillado o azúcares, etc.
d) Es irradiada a áreas lejanas.

2. Todo lo que se expone de la pulpitis irreversible es falso, excepto que:

a) El dolor disminuye con el decúbito.
b) Suele cursar de forma crónica con dolor intenso.
c) El dolor aumenta con el frío al principio, aunque más tarde aumenta con el calor y se alivia con el frío.
d) El dolor disminuye con el esfuerzo.

3. ¿Cómo se denomina la infección que cursa con inflamación, enrojecimiento de la encía y tendencia al sangrado tras las comidas y el cepillado?

a) Pulpitis.
b) Gingivitis simple.
c) Gingivitis ulcerativa necrotizante.
d) Periodontitis.

4. ¿Cuál de estas patologías es una complicación frecuente de las periodontitis que cursa con dolor intenso, enrojecimiento, tumefacción y sangrado fácil de la encía?

a) Pericoronaritis.
b) Absceso periodontal.
c) Mediastinitis.
d) Gingivitis ulcerativa necrotizante.

5. ¿Qué afirmación es cierta de las pericoronaritis?

a) Provoca destrucción de la inserción del tejido conectivo al cemento dentario.
b) Aparece sobre todo asociada a la erupción de los segundos molares.
c) Se produce entre los 40-50 años de edad.
d) La mucosa que recubre la zona de la corona, aparece edematosa, brillante y eritematosa.

6. ¿Qué afección es aquella que puede producir oftalmoplejía, reflejo corneal disminuido o ausente, ptosis y dilatación de pupila, en el transcurso de una infección odontógena?

a) Angina de *Ludwig*.
b) Trombosis del seno cavernoso.
c) Tromboflebitis séptica.
d) Celulitis.

7. ¿Qué enfermedad cursa con tumefacción bilateral de los espacios sublinguales, submandibular, submentoniano?

a) Angina de *Ludwig*.
b) Pericoronaritis.
c) Tromboflebitis séptica.
d) Celulitis.

8. ¿En qué radica el éxito terapéutico sobre la infección odontogénica?

a) Radica en el control de la caries.
b) Radica en el control de la biopelícula.
c) Radica en el tratamiento antibiótico.
d) Radica en el control de la gingivitis.

9. ¿De qué tipo de tratamiento forman parte los analgésicos y antiinflamatorios en la infección odontogénica?

a) Forman parte del tratamiento odontológico.
b) Forman parte del tratamiento quirúrgico.
c) Forman parte del tratamiento sistémico de soporte.
d) Forman parte del tratamiento antimicrobiano.

10. ¿Qué tipo de tratamiento de la infección odontógena se realiza de forma empírica?

a) Tratamiento odontológico.
b) Tratamiento antibiótico.
c) Tratamiento sistémico de soporte.
d) Tratamiento quirúrgico.

11. ¿Qué característica poseen los aceites esenciales?

a) Son los más nuevos usados como agente antiplaca.
b) Poseen más efecto que la clorhexidina.
c) Se usan unidos a fluoruro sódico.
d) Provocan sensación de quemazón.

12. ¿Qué concentración de clorhexidina tiene la forma de presentación de la misma en forma de geles que se emplean domésticamente?

a) 0,2 %.
b) 0,12 %.
c) 0,12 % y 0,2 %.
d) 1 %.

13. ¿Qué concentración de clorhexidina tiene la forma de presentación de la misma en forma de geles que se emplean profesionalmente?

a) 0,5 % y 0,2 %.
b) 0,12 % y 0,2 %.
c) 0,12 %, 0,2 % y 1 %.
d) 1 %.

14. ¿Cómo se aplican los geles de clorhexidina mediante cepillos?

a) Una vez al día durante 1 semana.
b) Una vez al día durante 2 semanas.
c) Dos veces al día durante 1 semana.
d) Dos veces al día durante 2 semanas.

15. ¿Cuánto debe durar al menos cada enjuague bucal que se realiza con 10 ml, cuando se emplea el colutorio con la concentración del 0,2 % de clorhexidina?

a) 15 segundos.
b) 30 segundos.
c) 1 minuto.
d) 5 minutos.

16. ¿Cuál de las siguientes presentaciones es la más usada en situaciones en las que está indicada la clorhexidina como coadyuvante de la higiene oral?

a) Geles.
b) Irrigadores.
c) Colutorios.
d) Dentífricos.

17. ¿Cuál es la concentración normal de clorhexidina en los dentífricos?

a) 0,12 %.
b) 0,06 %.
c) 1 %.
d) 0,2 %.

18. ¿Cuál es la ventaja del empleo de clorhexidina en los dentífricos?

a) Es más barato.
b) Actúa con la sustancia abrasiva mediante sinergismo.
c) Permite administrar el agente activo varias veces al día en pequeñas concentraciones.
d) Conlleva más efectos secundarios o adversos, si no se emplea correctamente.

19. ¿Con qué sustancia se une la presentación de clorhexidina en barnices con una concentración del 1 %?

a) Con zinc (5 %).
b) Con cadmio (2 %).
c) Con timol (1 %).
d) Con gluconato (1 %).

20. ¿Qué pauta de aplicación de la clorhexidina sería la adecuada en caso de estomatitis de repetición?

a) A largo plazo.
b) Corta intermitente.
c) A corto plazo.
d) A plazo intermedio.

En MADTEST tienes **más preguntas de este tema**, y todos tus avances quedan registrados y se reflejan en el ranking.

¡Supera tus límites con MADTEST!

Solución al test n.º 17

1. c) Provocada por estímulos térmicos, cepillado o azúcares, etc.

2. c) El dolor aumenta con el frío al principio, aunque más tarde aumenta con el calor y se alivia con el frío.

3. b) Gingivitis simple.

4. b) Absceso periodontal.

5. d) La mucosa que recubre la zona de la corona, aparece edematosa, brillante y eritematosa.

6. b) Trombosis del seno cavernoso.

7. a) Angina de *Ludwig*.

8. b) Radica en el control de la biopelícula.

9. c) Forman parte del tratamiento sistémico de soporte.

10. b) Tratamiento antibiótico.

11. d) Provocan sensación de quemazón.

12. c) 0,12 % y 0,2 %.

13. d) 1 %.

14. b) Una vez al día durante 2 semanas.

15. c) 1 minuto.

16. c) Colutorios.

17. a) 0,12 % .

18. c) Permite administrar el agente activo varias veces al día en pequeñas concentraciones.

19. c) Con timol (1 %).

20. b) Corta intermitente.

Dieta, nutrición, hábitos alimenticios relacionados con la salud bucodental. Alimentos cariogénicos y no cariogénicos: componentes y definición

1. ¿Cuál de las siguientes patologías periodontales cursa con una retracción de encías?

a) La periodontitis.
b) La gingivitis.
c) Los cálculos subgingivales.
d) Periodontitis y la gingivitis.

2. ¿Cómo se denomina el depósito de sales cálcicas y mucina que constituyen, junto con las bacterias, una especie de depósito de desecho que contribuye al desarrollo de enfermedad periodontal?

a) Cálculo supragingival.
b) Tártaro.
c) Biopelícula.
d) Son correctas las respuestas a) y b).

3. ¿Cuál es la prevalencia global de la enfermedad periodontal a nivel mundial para las formas leves de la patología?

a) Puede llegar al 25 %.
b) Puede llegar al 50 %.
c) Puede llegar al 70 %.
d) Puede llegar al 90 %.

4. ¿Cuál de las siguientes deficiencias en vitaminas están relacionadas con la severidad de la gingivitis?

a) Deficiencia de vitamina C y ácido fólico.
b) Deficiencia de vitamina D y ácido cítrico.
c) Deficiencia de vitamina C y calcio.
d) Deficiencia de vitamina D y ácido fólico.

5. ¿Qué puede llegar a ocasionar la xerostomía, habitual en pacientes con anorexia o bulimia?

a) Caries.
b) Periodontitis.
c) Pérdida piezas dentales.
d) Caries y gingivitis.

6. ¿Cómo se denomina la manifestación bucodental que se presenta en pacientes anoréxicos y bulímicos y consistente en una enfermedad bacteriana de las glándulas salivares?

a) Xerostomía.
b) Sialoadenitis.
c) Enfermedad de Rusell.
d) Piorrea.

7. ¿Cuál de las siguientes patologías cursa con alteraciones de la pulpa dental, degeneración de odontoblastos y dentina aberrante?

a) Escorbuto (déficit vitamina C).
b) Raquitismo (déficit vitamina D).
c) Obesidad.
d) Malnutrición calórico-proteica.

8. ¿Cómo se denomina la patología relacionada con el estado nutricional que puede llevar a retraso en los patrones de erupción del diente, hipomineralización (defectos hipoplásicos), deterioro de la integridad del diente y caries?

a) Raquitismo (déficit vitamina D).
b) Malnutrición calórico-proteica.
c) Diabetes mellitus.
d) Escorbuto (déficit vitamina C).

9. La malnutrición calórico-proteica puede provocar:

a) Retraso en la erupción de los dientes.
b) Disminución del tamaño de las piezas dentales.
c) Caries en dentición primaria.
d) Todas las anteriores son correctas.

10. ¿Qué afirmación es correcta en relación con las pastas dentífricas fluoradas:

a) Reduce la caries del 40 al 50 %.
b) La concentración de flúor en la pasta infantil debe ser inferior a 500 ppm.
c) La concentración de flúor en la pasta de adultos debe ser inferior a 500 ppm.
d) El uso de pastas dentífricas fluoradas no ha demostrado una reducción de la caries.

11. ¿En qué alimentos de estos predomina la sacarosa?

a) En uva de mesa.
b) En remolacha y caña de azúcar.
c) En legumbres.
d) En verduras.

12. La carencia de vitamina D por deficiencia alimentaria y/o escasa exposición solar y calcio, causan en el niño:

a) Escorbuto.
b) Decoloraciones en el esmalte, retraso en la erupción, aumento en la incidencia de caries y alteraciones en la estructura del diente.
c) Osteomalacia.
d) Osteoporosis.

13. ¿Qué ácido orgánico se produce por la fermentación anaeróbica de los azúcares?

a) Ácido pirúvico.
b) Ácido oxalacético.
c) Ácido láctico.
d) Ácido fórmico.

14. ¿Cuántas veces y en qué momentos del día hay que consumir xilitol como profiláctico de la caries?

a) 2 veces al día, y al levantarse y acostarse.
b) 2 veces al día, antes de las comidas principales.
c) 3 veces al día, después de las comidas.
d) 1 vez al día, por la noche.

15. ¿Qué test es aquel que se basa en la capacidad de la saliva de producir ácido cuando una muestra de saliva estimulada es inoculada en el medio de Snyder?

a) Test del flujo salivar.
b) Test de capacidad tampón.
c) Test de Alban.
d) Test de recuento de *Lactobacillus* y *Streptoccocus mutans*.

16. ¿Qué es el potencial cariógeno de un alimento?

a) Es la habilidad de neutralizar la saliva.
b) Es la habilidad de destruir las bacterias productoras de caries.
c) Es la habilidad para promover la caries.
d) Es la habilidad de recudir la fermentación de los glúcidos.

17. ¿En qué situaciones aumenta la cariogenicidad de un alimento?

a) Al ser ingerido entre las comidas.
b) Al ser ingerido durante las comidas.
c) Ninguna es correcta.
d) Ambas respuestas son correctas.

18. ¿En qué alimentos encontramos flúor de forma natural?

a) En leche.
b) En yogur.
c) En té.
d) En queso.

19. ¿Cuál de los siguientes ácidos grasos tienen función protectora contra la caries?

a) Ácido palmítico.
b) Ácido oleico.
c) Ácido glicólico.
d) Ácido esteárico.

20. ¿Cuál de estos edulcorantes es menos dulce en relación con el azúcar blanco?

a) Sucralosa.
b) Sacarina.
c) Ciclamato.
d) Aspartamo.

En MADTEST tienes **más preguntas de este tema**, y todos tus
avances quedan registrados y se reflejan en el ranking.

¡Supera tus límites con MADTEST!

Solución al test n.º 18

1. d) Periodontitis y la gingivitis.

2. b) Tártaro.

3. d) Puede llegar al 90 %.

4. a) Deficiencia de vitamina C y ácido fólico.

5. d) Caries y gingivitis.

6. b) Sialoadenitis.

7. a) Escorbuto (déficit vitamina C).

8. a) Raquitismo (déficit vitamina D).

9. d) Todas las anteriores son correctas.

10. b) La concentración de flúor en la pasta infantil debe ser inferior a 500 ppm.

11. b) En remolacha y caña de azúcar.

12. b) Decoloraciones en el esmalte, retraso en la erupción, aumento en la incidencia de caries y alteraciones en la estructura del diente.

13. c) Ácido láctico.

14. c) 3 veces al día, después de las comidas.

15. c) Test de Alban.

16. c) Es la habilidad para promover la caries.

17. a) Al ser ingerido entre las comidas.

18. c) En té.

19. b) Ácido oleico.

20. c) Ciclamato.

TEST N.º 19

Salud bucodental: concepto y métodos para prevención. Higiene bucodental e interdental: concepto y utilización. Dentífricos

1. A la hora de elaborar un programa de salud bucodental, ¿cómo se denomina la conclusión a la que se llega una vez interpretados los datos?

a) Evaluación.
b) Diagnóstico.
c) Planificación.
d) Ejecución.

2. ¿En qué tipo de recursos incluirías al proyector, el ordenador, la autoclave y los equipos dentales, dentro de un programa de salud bucodental?

a) Los incluirías en los recursos humanos.
b) Los incluirías en los recursos mínimos.
c) Los incluirías en los recursos técnicos.
d) Los incluirías en las infraestructuras y equipamiento.

3. ¿Cómo debe ser la evaluación general de un programa de salud bucodental?

a) Debe ser cuantitativa.
b) Debe ser cualitativa.
c) Debe ser sumativa.
d) Todas las anteriores son correctas.

4. ¿A qué se denomina, dentro de un programa de salud bucodental, la comparación entre lo que se ha hecho con lo que se había previsto hacer?

a) Ejecución.
b) Evaluación.
c) Planificación.
d) Diagnóstico.

5. ¿Qué afirmación es incorrecta sobre las condiciones que debe presentar la evaluación de un programa de salud bucodental?

a) El programa se ejecuta correctamente.
b) Existe una concordancia racional entre las actividades definidas en el programa y las metas del programa.
c) Hay discrepancias sobre cuáles son las cuestiones a evaluar.
d) Hay acuerdo sobre cómo hay que llevar la evaluación y qué debe medirse.

6. ¿Cuántas caras de cada diente se valora en el índice de Silness y Löe?

a) 4.
b) 3.
c) 2 o 1.
d) Ninguna, ya que no es el parámetro de valoración.

7. ¿Qué puntuación recibe en el índice de Silness y Löe cuando la placa gingivo-dental es reconocible a simple vista en el borde gingival y en los espacios interdentales libres?

a) 0.
b) 1.
c) 2.
d) 3.

8. ¿Qué técnica de cepillado es ejecutada por los padres en niños lactantes hasta los 7 años de edad, colocándolo por su espalda y apoyado en el pecho o en la pierna del progenitor?

a) Técnica de Starkey.
b) Técnica de Bass.
c) Técnica de Leonard.
d) Técnica de Charters.

9. ¿Qué ángulo posee el cepillo respecto al eje central en la técnica de cepillado de Bass?

a) 10°.
b) 30°.
c) 45°.
d) 60°.

10. Todo lo que se expone de la técnica de cepillado conocida como de barrido es cierto, excepto que:

a) Está indicada para personas jóvenes y adultos con tejido periodontal sano.
b) Los movimientos del cepillo se efectúan de forma horizontal (de lado a lado).

c) Se realiza con la boca ligeramente abierta.

d) El cepillo se coloca paralelo respecto al eje dental y apuntando hacia la zona apical, se efectúa una ligera presión sobre las encías y lo más arriba posible para los dientes de la arcada superior y lo más abajo para los de la arcada inferior.

11. ¿Para quiénes está indicada la técnica de Leonard?

a) Para niños y ancianos sin dientes.
b) Para niños y ancianos con dientes sanos.
c) Para jóvenes y adultos con tejido periodontal sano.
d) Para jóvenes y adultos con enfermedad periodontal.

12. La higiene de la lengua durante el cepillado se llevará a cabo:

a) Con el propio cepillo dental.
b) Con raspadores en forma de "U".
c) Con raspadores en forma de "T".
d) Todo lo anterior puede realizarse para la higiene lingual.

13. ¿Qué procedimiento de la limpieza interproximal está indicado para grandes espacios interdentales?

a) El empleo de hilo dental.
b) El empleo de cinta interdental.
c) El empleo de Ultrafloss.
d) El empleo de Superfloss.

14. ¿De qué material suelen ser los estimuladores interdentales?

a) De seda.
b) De nailon.
c) De goma o plástico.
d) De metal.

15. ¿Qué compuestos previenen el secado de la pasta de dientes, con su consiguiente endurecimiento?

a) El agente abrasivo.
b) El humectante.
c) El surfactante.
d) El estabilizante.

16. ¿Qué sustancias de la pasta dental posee la finalidad de estructurar y estabilizar el producto, evitando que las fases sólida y líquida se separen y/o precipiten?

a) El agente humectante.
b) Los aditivos.

c) El agente espesante.
d) El agente abrasivo.

17. ¿Qué sustancia de estas en la pasta dental posee una acción edulcorante?

a) Anís.
b) Carragenatos.
c) Ciclamato.
d) Bentonita.

18. ¿Qué elemento del dentífrico es aquel que actúa como un agente antibacteriano con baja tensión superficial?

a) El agente abrasivo.
b) El flúor.
c) El surfactante.
d) El estabilizante.

19. ¿Cuándo un dentífrico no se considera fluorado?

a) Cuando el flúor empleado no se ha sometido junto a la pasta a ensayos de toxicidad en animales.
b) Cuando el flúor empleado en el producto reúne condiciones que aseguran su biodisponibilidad.
c) Cuando el flúor empleado en la pasta dental reúne propiedades de estabilidad.
d) Cuando el flúor empleado está indicado para la remineralización.

20. ¿Qué afirmación acerca del triclosán es correcta?

a) Se considera un antiséptico de espectro antimicrobiano corto o moderado.
b) Posee una alta toxicidad.
c) Está indicado en la enfermedad periodontal.
d) No puede considerarse un compuesto de uso diario.

Solución al test n.º 19

1. b) Diagnóstico.

2. c) Los incluirías en los recursos técnicos.

3. a) Debe ser cuantitativa.

4. b) Evaluación.

5. c) Hay discrepancias sobre cuáles son las cuestiones a evaluar.

6. a) 4.

7. c) 2.

8. a) Técnica de Starkey.

9. c) 45°.

10. b) Los movimientos del cepillo se efectúan de forma horizontal.

11. c) Para jóvenes y adultos con tejido periodontal sano.

12. d) Todo lo anterior puede realizarse para la higiene lingual.

13. b) El empleo de cinta interdental.

14. c) De goma o plástico.

15. b) El humectante.

16. c) El agente espesante.

17. c) Ciclamato.

18. c) El surfactante.

19. a) Cuando el flúor empleado no se ha sometido junto a la pasta a ensayos de toxicidad en animales.

20. c) Está indicado en la enfermedad periodontal.

TEST N.º 20

Biofilm: concepto, localización y composición. Formas clínicas: placa cariógena y periodontógena. Visualización y detección de la placa dental. Métodos de control de la placa bacteriana

1. La principal condición para la aparición de caries y enfermedad periodontal es:

a) La dieta.
b) La inmunidad.
c) La placa bacteriana.
d) La saliva.

2. ¿Cuál de las siguientes características de la placa dental es falsa?

a) Masa blanda.
b) Tenaz y adherente.
c) Se acumula solo sobre las superficies dentales.
d) Compuesta por colonias de bacterias.

3. ¿Cuál es el motivo principal por lo que la placa se concentra más en determinados lugares?

a) Porque quedan fuera más fácilmente de la limpieza.
b) Es más fácil el depósito de alimentos.
c) Poseen mayor adherencia a las sustancias cariogénicas.
d) En ellas desarrollan más fácilmente un pH de crecimiento.

4. ¿Dónde se suelen coleccionar los residuos de alimentos en la boca, tras la masticación de los alimentos?

a) Debajo de la lengua.
b) Encima de la lengua.
c) Junto a los márgenes gingivales y en los espacios interdentarios.
d) Son ciertas las respuestas a) y b).

5. ¿Qué es necesario para la eliminación completa de la materia alba?

a) Un buen chorro de agua sobre la boca.
b) Estar en ayunas 4 horas.
c) Limpieza mecánica adecuada.
d) Nada de lo anterior es cierto.

6. A la capa de iones que se forma en la superficie del esmalte en contacto con el agua o la saliva se le denomina:

a) Capa adherida.
b) Capa de deshidratación.
c) Capa de Stern.
d) Capa de Van der Walls.

7. ¿Cuánto representan en % los glucolípidos del peso seco de la película adquirida?

a) 50 %.
b) 20 %.
c) 100 %.
d) 80 %.

8. ¿Por qué está compuesto el "glucocálix" que rodea a las bacterias que componen la placa (situado por fuera de su membrana celular)?

a) Polipéptidos.
b) Aminoácidos.
c) Polisacáridos complejos.
d) Lípidos complejos.

9. ¿Por qué mecanismos son atraídas las primeras bacterias sobre la película adquirida?

a) Por adhesinas.
b) Por mecanismos específicos como enlaces químicos potentes, como los iónicos.
c) Por mecanismos inespecíficos como fuerzas intermoleculares débiles (fuerzas de Van der Walls, puentes de hidrógeno…).
d) Por enlaces covalentes no reactivos.

10. ¿Qué concentración en saliva se requiere para que se inicie la adherencia de *S. mutans*?

a) Se precisa una concentración de 100.000 bacterias/ml.
b) Se precisa una concentración de 10.000 bacterias/ml.
c) Se precisa una concentración de 1.000 bacterias/ml.
d) Se precisa una concentración de 100 bacterias/ml.

11. ¿Cuál es la primera etapa de la cronología de la formación de la placa?

a) Depósito de la película adquirida.
b) Colonización de gérmenes.
c) Maduración de la placa.
d) Formación de la materia alba.

12. ¿Qué nombre recibe el proceso de aposición de gérmenes sobre la película adquirida formada sobre las superficies bucodentales producida de forma secuencial?

a) Sucesión homogénea bacteriana.
b) Sucesión heterogénea bacteriana.
c) Sucesión colonial bacteriana.
d) Sucesión autógena bacteriana.

13. ¿Qué ocurrirá si la superficie limpia de un diente es expuesta durante cuatro horas al ámbito oral?

a) Se encuentran muchas bacterias del tipo bacilos o espiroquetas.
b) Se encuentran pocas bacterias del tipo cocos o cocobacilos.
c) Se encuentran pocas bacterias del tipo bacilos o estreptococos.
d) Se encuentran muchas bacterias del tipo estafilococos o cocobacilos.

14. ¿Qué antecedente de flora en el establecimiento inicial de la placa primaria aparece necesariamente para la subsiguiente proliferación de otros organismos?

a) Estreptococos.
b) Estafilococos.
c) Lactobacilos.
d) Cocobacilos.

15. ¿En qué material es rica la matriz intermicrobiana inicial de la placa?

a) Es rica en adhesinas simples.
b) Es rica en polisacáridos complejos.
c) Es rica en proteínas agregantes.
d) Es rica en fosfolípidos.

16. ¿Qué tipo de metabolismo es el que predomina en la placa bacteriana primaria?

a) Anaerobio.
b) Aerobio.
c) Anaerobio facultativo.
d) Aerobio facultativo.

17. ¿Cuándo se originan las estructuras conocidas con el nombre de "mazorcas de maíz" dentro la formación de la placa?

a) A los 4 días.
b) A las tres semanas.
c) Al mes.
d) A las dos semanas.

18. ¿Qué porcentaje aproximadamente de gérmenes componen la flora que constituye la placa madura?

a) El 40 % son hongos filamentosos y nocardias, y el 60 % bacterias.
b) El 60 % son hongos filamentosos y nocardias, y el 40 % bacterias.
c) El 30 % son hongos filamentosos y nocardias, y el 70 % bacterias.
d) El 70 % son hongos filamentosos y nocardias, y el 30 % bacterias.

19. ¿Qué pH bacteriano a nivel oral es necesario para que se produzca la desmineralización del esmalte?

a) Solo se produce cuando los ácidos bacterianos dan lugar a una caída del pH entre 4,2 y 4,5.
b) Solo se produce cuando los ácidos bacterianos dan lugar a una caída del pH entre 5,5 y 5,8.
c) Solo se produce cuando los ácidos bacterianos dan lugar a una caída del pH entre 5 y 5,3.
d) Solo se produce cuando los ácidos bacterianos dan lugar a una caída del pH entre 5,2 y 5,5.

20. ¿Qué ácido es el que está en más cantidad en la placa bacteriana cariogénica?

a) El ácido acético.
b) El ácido fórmico.
c) El ácido pirúvico.
d) El ácido láctico.

En MADTEST tienes **más preguntas de este tema**, y todos tus avances quedan registrados y se reflejan en el ranking.

¡Supera tus límites con MADTEST!

Solución al test n.º 20

1. c) La placa bacteriana.

2. c) Se acumula solo sobre las superficies dentales.

3. a) Porque quedan fuera más fácilmente de la limpieza.

4. c) Junto a los márgenes gingivales y en los espacios interdentarios.

5. c) Limpieza mecánica adecuada.

6. c) Capa de Stern.

7. d) 80 %.

8. c) Polisacáridos complejos.

9. c) Por mecanismos inespecíficos como fuerzas intermoleculares débiles (fuerzas de Van der Walls, puentes de hidrógeno…).

10. b) Se precisa una concentración de 10.000 bacterias/ml.

11. a) Depósito de la película adquirida.

12. d) Sucesión autógena bacteriana.

13. b) Se encuentran pocas bacterias del tipo cocos o cocobacilos.

14. a) Estreptococos.

15. b) Es rica en polisacáridos complejos.

16. b) Aerobio.

17. b) A las tres semanas.

18. a) El 40 % son hongos filamentosos y nocardias, y el 60 % bacterias.

19. d) Solo se produce cuando los ácidos bacterianos dan lugar a una caída del pH entre 5,2 y 5,5.

20. d) El ácido láctico.

TEST N.º 21

Caries: fundamentos actuales de su prevención y control. Diagnóstico de la caries. Criterios clínicos para el diagnóstico de las lesiones de caries. Riesgo de caries y su actividad. Tratamiento de la enfermedad y las lesiones. Saliva: composición y su relación con la caries

1. ¿Qué dato de los expresados no entran dentro de la definición de caries?

a) Es una enfermedad.
b) Se produce pérdida de tejido dental.
c) No es de origen infeccioso.
d) Intervienen activamente los ácidos producidos por las bacterias.

2. ¿Qué tipo de caries requiere de diagnóstico mediante imagen médica, debido a la dificultosa observación directa?

a) Caries de puntos.
b) Caries de superficies proximales.
c) Caries de superficies libres lisas.
d) Caries de hoyos y fisuras.

3. ¿Qué caries suelen asentar en la caras oclusales?

a) Caries de puntos, de hoyos y de fisuras.
b) Caries de superficies proximales.
c) Caries de superficies libres lisas.
d) Ninguna de las anteriores.

4. ¿Dónde asientan las caries que son asintomáticas?

a) En el esmalte.
b) En la dentina.
c) En el cemento.
d) En la pulpa.

5. ¿Dónde ubicarías a la caries de la imagen 1?

a) En el esmalte.
b) En la dentina.
c) En el cemento.
d) En la pulpa.

6. ¿Con qué se identifica la caries incipiente?

a) Con la moderada.
b) Con la profunda.
c) Con la mancha blanca.
d) Con la mancha oscura.

7. ¿Qué caries es aquella que llega mínimamente a la dentina?

a) Superficial.
b) Cavitada.
c) Moderada.
d) Muy profunda sin compromiso pulpar.

8. La caries detenida se denomina también:

a) Crónica.
b) Aguda.
c) Activa.
d) Cicatrizada.

9. ¿Cómo son aquellas caries que involucran dos caras de un diente?

a) Caries complejas.
b) Caries dobles.
c) Caries simples.
d) Caries compuestas.

10. ¿Qué zona careada es la marcada en la imagen 2, según la clasificación de Mount y Hume?

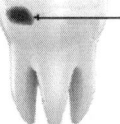

a) Zona 1.
b) Zona 2.
c) Zona 3.
d) Zona 4.

Imagen 2

11. ¿Qué compuesto nos indicará que la película dental adquirida ha madurado, y por tanto ha sido colonizada por bacterias?

a) Proteínas insolubles.
b) Ácido ortofosfórico.

c) Ácido murámico.
d) Ácido carbónico.

12. ¿Qué espesor poseerá la película adquirida en su madurez (en micras)?

a) 4.
b) 8.
c) 20.
d) 40.

13. ¿Qué microorganismo aislado se considera el más importante en la iniciación de la caries?

a) *Streptococcus mutans*.
b) *Streptococcus piógenes*.
c) *Cocobacilos*.
d) *Bacilo perfringens*.

14. ¿Qué edad debe poseer una placa dental con un potencial máximo en su capacidad en la producción de ácidos?

a) 12 horas.
b) 24 horas.
c) 48 horas.
d) 72 horas.

15. ¿Qué refuerza específicamente el esmalte dentario, y por ello previene de la caries?

a) El cepillado.
b) El flúor.
c) Los azúcares.
d) El hilo dental.

16. ¿Dónde se percibe en la lengua el sabor dulce?

a) Cara dorsal.
b) Bordes laterales.
c) Vértice.
d) Raíz.

17. ¿Qué zona de la lengua forma parte de la orofaringe?

a) Tercio anterior de la cara superior o dorsal.
b) Tercio posterior de la cara superior o dorsal.
c) Tercio anterior de la cara inferior o ventral.
d) Tercio posterior de la cara inferior o ventral.

18. ¿Cómo se denomina el conducto excretor de las glándulas parótidas?

a) Conducto de Wharton.
b) Conducto de Whalter.
c) Conducto de Stenon.
d) Conducto de Cröwn.

19. ¿Qué bacterias de las alojadas en la cavidad oral anaerobia por sí sola no causa infección?

a) *Lactobacillus.*
b) *Treponema.*
c) *Veillonella.*
d) *Actinobacillus.*

20. ¿Qué afirmación es falsa respecto a la saliva y su relación con la salud buco-dental?

a) Tiene un papel fundamental en el mantenimiento de la integridad de las estructuras bucales.
b) La saliva interviene en la digestión.
c) No controla las infecciones orales.
d) Se quiere emplear la saliva como alternativa al diagnóstico de determinadas patologías.

Solución al test n.º 21

1. c) No es de origen infeccioso.

2. b) Caries de superficies proximales.

3. a) Caries de puntos, de hoyos y de fisuras.

4. a) En el esmalte.

5. b) En la dentina.

6. c) Con la mancha blanca.

7. c) Moderada.

8. d) Cicatrizada.

9. d) Caries compuestas.

10. b) Zona 2.

11. c) Ácido murámico.

12. b) 8.

13. a) *Streptococcus mutans*.

14. d) 72 horas.

15. b) El flúor.

16. c) Vértice.

17. b) Tercio posterior de la cara superior o dorsal.

18. c) Conducto de Stenon.

19. b) *Treponema*.

20. c) No controla las infecciones orales.

TEST N.º 22

Defectos del esmalte congénito y adquirido. Hipomineralización incisivo molar. Desmineralización/remineralización

1. En la fase de mineralización de la amelogénesis:

a) Se produce la secreción de la matriz proteica.
b) Se produce la precipitación de cristales de hidroxiapatita.
c) Comienza con la degradación de la matriz proteica.
d) Se produce la síntesis de pirita y calcio.

2. Zona histológica de la desmineralización caracterizada por la aparición de una cubierta con una multitud de agujeros diminutos como un panal de abejas:

a) Zona tráslucida.
b) Zona obscura.
c) Capa superficial.
d) Defecto cavitario.

3. Zona histológica de la desmineralización con una pérdida mineral del 6 % por unidad de volumen:

a) Zona traslúcida.
b) Zona obscura.
c) Cuerpo de la lesión.
d) Defecto cavitario.

4. La hipomineralización incisivo-molar de grado I se caracteriza por:

a) La aparición de opacidades aisladas y bien definidas no situadas en áreas de estrés de los primeros molares permanentes.
b) Existe pérdida de esmalte.
c) Fracturas posteruptivas.
d) Las opciones a) y b) son correctas.

5. ¿Cómo se denomina la formación del esmalte que se da por eventos bioquímicos?

a) Biomineralización.
b) Amelogénesis.
c) Mineralización.
d) Odontogénesis.

6. ¿Qué es la hipomineralización incisivo-molar (HIM)?

a) Un defecto adquirido que afecta sólo a los molares temporales.
b) Una anomalía del esmalte de origen genético que altera la forma dental.
c) Un trastorno del desarrollo del esmalte de primeros molares y de incisivos permanentes.
d) Un proceso reversible de desmineralización por acción bacteriana.

7. ¿Cuál de estos NO es un factor etiológico asociado a la HIM?

a) Trastornos durante la gestación.
b) Enfermedades de la primera infancia.
c) Higiene bucodental deficiente.
d) Uso de ciertos medicamentos pediátricos.

8. ¿Cómo se describen clínicamente las opacidades del esmalte en HIM?

a) Líneas de color verde oscuro, difusas y mal delimitadas.
b) Opacidades blancas, amarillas o marrones, con bordes bien definidos.
c) Manchas grises y translúcidas sin variación de color.
d) Zonas erosivas de aspecto liso y brillante.

9. ¿Qué caracteriza el grado I (leve) de HIM?

a) Pérdida de esmalte y sensibilidad intensa.
b) Opacidades aisladas sin fracturas ni caries y sin historia de sensibilidad.
c) Fracturas posteruptivas múltiples con compromiso pulpar.
d) Opacidades extensas y caries profunda en varias superficies.

10. ¿Cuál es la característica principal del grado II (moderado) de HIM?

a) Ausencia total de opacidades.
b) Opacidades con fracturas posteruptivas o caries limitadas, sensibilidad dental y compromiso estético.
c) Destrucción coronaria con afectación pulpar.
d) Sólo lesiones en dientes temporales.

11. ¿Qué define el grado III (severo) de HIM?

a) Opacidades leves sin fracturas.
b) Fracturas posteruptivas frecuentes, caries extensa, destrucción coronaria y posible afectación pulpar.
c) Opacidades limitadas a la zona cervical.
d) Sólo sensibilidad ocasional sin alteraciones estructurales.

12. En el proceso continuo de desmineralización-remineralización, ¿qué desencadena inicialmente la desmineralización del esmalte?

a) Aumento brusco de pH bucal.
b) Metabolismo de carbohidratos por bacterias que produce ácidos.
c) Exposición al flúor en concentraciones altas.
d) Todas son correctas.

13. ¿Cuál es la zona de avance de la lesión cariosa, con 1.2 % de pérdida mineral y aumento de fluoruro?

a) Zona obscura.
b) Cuerpo de la lesión.
c) Zona traslúcida.
d) Defecto cavitario.

14. ¿Qué característica define la zona obscura en la desmineralización?

a) Pérdida mineral mínima (< 1 %).
b) Banda opaca profunda con 2–4 % de poros y pérdida mineral del 6 %.
c) Punzones microscópicos en superficie.
d) Colapso de la matriz proteica.

15. ¿En qué zona se alcanza la mayor desmineralización (24 % pérdida) y aumento de materia orgánica?

a) Zona interprepared.
b) Cuerpo de la lesión.
c) Capa superficial.
d) Zona traslúcida.

16. ¿Qué describe la capa superficial de una lesión de esmalte?

a) Total ausencia de poros.
b) Agujeros diminutos formando un panal, con pérdida mineral del 9.9 %.
c) Fracturas coronarias visibles clínicamente.
d) Área hipermineralizada sin riesgo de progresión.

17. ¿Qué ocurre cuando la capa superficial de esmalte se fractura microscópicamente?

a) El diente se regenera espontáneamente.
b) Se produce un defecto cavitario que permite la invasión bacteriana.
c) Aumenta la resistencia mecánica.
d) Se forma un cristal de fluorapatita.

18. ¿Cuál es el punto de no retorno en la lesión de esmalte?

a) Cuando el pH sube por encima de 7.
b) Cuando se elimina tanta cantidad de cristales que colapsa la matriz proteica.
c) Cuando el esmalte alcanza 95 % de mineralización.
d) Cuando aparecen estrías de Retzius.

19. ¿Qué proceso ocurre si el pH bucal se normaliza tras un episodio ácido de 30–45 minutos?

a) Desmineralización acelerada.
b) Remineralización por precipitación de iones en la lesión.
c) Colapso de los prismas.
d) Formación de caries rápida.

20. ¿Por qué es crítica la integridad de la superficie externa de la lesión para su reversibilidad?

a) Porque impide la entrada de flúor.
b) Porque evita la formación de estrías de Retzius.
c) Porque mantiene la barrera que permite la remineralización interna.
d) Porque impide el flujo de agua interprismática.

En MADTEST tienes **más preguntas de este tema**, y todos tus avances quedan registrados y se reflejan en el ranking.

¡Supera tus límites con MADTEST!

Solución al test n.º 22

1. b) Se produce la precipitación de cristales de hidroxiapatita.

2. c) Capa superficial.

3. d) Defecto cavitario.

4. a) La aparición de opacidades aisladas y bien definidas no situadas en áreas de estrés de los primeros molares permanentes.

5. a) Biomineralización.

6. c) Un trastorno del desarrollo del esmalte de primeros molares y de incisivos permanentes.

7. c) Higiene bucodental deficiente.

8. b) Opacidades blancas, amarillas o marrones, con bordes bien definidos.

9. b) Opacidades aisladas sin fracturas ni caries y sin historia de sensibilidad.

10. b) Opacidades con fracturas posteruptivas o caries limitadas, sensibilidad dental y compromiso estético.

11. b) Fracturas posteruptivas frecuentes, caries extensa, destrucción coronaria y posible afectación pulpar.

12. b) Metabolismo de carbohidratos por bacterias que produce ácidos.

13. c) Zona traslúcida.

14. b) Banda opaca profunda con 2–4 % de poros y pérdida mineral del 6 %.

15. b) Cuerpo de la lesión.

16. b) Agujeros diminutos formando un panal, con pérdida mineral del 9.9 %.

17. b) Se produce un defecto cavitario que permite la invasión bacteriana.

18. b) Cuando se elimina tanta cantidad de cristales que colapsa la matriz proteica.

19. b) Remineralización por precipitación de iones en la lesión.

20. c) Porque mantiene la barrera que permite la remineralización interna.

TEST N.º 23

Concepto de flúor, metabolismo, actuación preventiva. Uso racional del flúor. Flúor sistémico. Flúor tópico. Toxicidad aguda y crónica. Fluorosis dental: etiología y prevención

1. ¿Cuál es el mejor medio preventivo de tratar la caries?

a) Buen cepillado.
b) Empleo de colutorios.
c) Empleo de flúor.
d) Uso de hilo dental.

2. ¿En qué país se observó e investigó por primera vez la fluorosis dental por el aspecto manchado de los dientes (manchas marrones, color café)?

a) En Italia.
b) En Alemania.
c) En Estados Unidos.
d) En España.

3. ¿Por qué vía se administra el flúor sistémico?

a) Se aplica por vía parenteral.
b) Se aplica por vía intramuscular.
c) Se aplica por vía oral.
d) Se aplica por vía respiratoria.

4. ¿Qué sustancias de estas enlentece la absorción de flúor?

a) Aminoácidos.
b) Magnesio.
c) Hierro.
d) Todas las anteriores.

5. ¿En qué fluidos corporales las concentraciones de flúor son poco importantes, a pesar de que se ingieran compuestos fluorados?

a) Leche materna.
b) Heces.
c) Orina.
d) Sudor.

6. ¿Cuál es la vía de eliminación mayor de fluoruros de nuestro organismo?

a) La orina (renal).
b) El sudor.
c) La respiratoria.
d) La digestiva/hepática (heces).

7. ¿Cuál es la dosis mínima tóxica de flúor por intoxicación aguda (en mg/kg)?

a) A partir de 3,5.
b) A partir de 5.
c) A partir de 12,5.
d) A partir de 22.

8. ¿Cómo se manifiesta la fluorosis en el esqueleto?

a) Hipomineralización de los huesos, con zonas de osteoporosis, geodas y formación de exóstosis.
b) Hipermineralización de los huesos, formación de geodas y calcificación de los ligamentos.
c) Hipomineralización de los huesos, formación de exóstosis y calcificación de los ligamentos.
d) Hipermineralización de los huesos, formación de exóstosis y calcificación de los ligamentos.

9. ¿Qué zona del diente se afecta más en la fluorosis dental?

a) Esmalte de la corona.
b) Cemento de la raíz.
c) Dentina de la corona.
d) Dentina de la raíz.

10. ¿Qué célula se cree afectada en la fluorosis dental?

a) Ameloclasto.
b) Condrocito.
c) Ameloblasto.
d) Célula osteógena.

11. ¿Cuál es el procedimiento más sencillo, práctico, eficaz, y conveniente para promover la reducción de la incidencia de caries dental en grandes grupos de población?

a) Fluoración de aguas de abastecimiento público.
b) Suplementos farmacológicos.
c) Colutorios fluorados.
d) Alimentos fluorados.

12. ¿Cuáles deben ser las concentraciones óptimas de flúor (en ppm), en el agua potable que se ha fluorado?

a) 0,01- 0,5 ppm.
b) 0,7- 1,2 ppm.
c) 1,5- 2 ppm.
d) 2,7 3,2 ppm.

13. ¿Qué zona del diente se protege más contra la caries con la fluoración de las aguas?

a) Las superficies interproximales.
b) Las superficies lisas vestibulares.
c) Los surcos y fisuras dentales.
d) Se protege todo por igual, de forma homogénea.

14. ¿Cuál es el compuesto más habitual que se emplea como suplemento farmacológico de flúor sistémico?

a) Fluoruro de sodio.
b) Hexafluorosilicato.
c) Ácido hexafluorsilícico.
d) Hipofluorito potásico.

15. ¿Cuál, aproximadamente, ha sido la reducción de caries con el empleo de alimentos fluorados (sal de mesa)?

a) 10- 20 %.
b) 20- 30 %.
c) 35- 50 %.
d) 55- 80 %.

16. ¿Qué efecto posee el flúor tópico?

a) Efecto preeruptivo.
b) Efecto eruptivo.
c) Efecto posteruptivo.
d) Son ciertas las respuestas a) y c).

17. ¿Qué sustancia facilita la incorporación del flúor a la superficie del esmalte dando acidez, en los geles fluorados?

a) Ácido cítrico.
b) Ácido ascórbico.
c) Ácido acético.
d) Ácido fosfórico.

18. ¿Qué período de tiempo como máximo permanecen adheridos los barnices fluorados a la superficie dental?

a) 6 horas.
b) 12 horas.
c) 36 horas.
d) 72 horas.

19. ¿Cuál de estas preparaciones de barnices fluorados existen en el mercado?

a) Fluoruro de sodio al 23 % en solución acuosa.
b) Fluoruro de sodio al 23 % en solución alcohólica.
c) Fluoruro de sodio al 5 % en solución acuosa.
d) Fluoruro de sodio al 5 % en solución alcohólica.

20. ¿Qué instrucciones se le debe dar al paciente al finalizar la aplicación de barniz fluorado?

a) Que no coma ni beba durante al menos cuatro horas, ni se cepille los dientes hasta el día siguiente.
b) Que no coma ni beba durante al menos doce horas, ni se cepille los dientes hasta tres días después.
c) Que no coma ni beba durante al menos cuatro horas, ni se cepille los dientes hasta tres días después.
d) Que no coma ni beba durante al menos doce horas, ni se cepille los dientes hasta el día siguiente.

En MADTEST tienes **más preguntas de este tema**, y todos tus avances quedan registrados y se reflejan en el ranking.

¡Supera tus límites con MADTEST!

Solución al test n.º 23

1. c) Empleo de flúor.

2. c) En Estados Unidos.

3. c) Se aplica por vía oral.

4. b) Magnesio.

5. a) Leche materna.

6. a) La orina.

7. b) A partir de 5.

8. d) Hipermineralización de los huesos, formación de exóstosis y calcificación de los ligamentos.

9. a) Esmalte de la corona.

10. c) Ameloblasto.

11. a) Fluoración de aguas de abastecimiento público.

12. b) 0,7- 1,2.

13. b) Las superficies lisas vestibulares.

14. a) Fluoruro de sodio.

15. c) 35- 50 %.

16. c) Efecto posteruptivo.

17. d) Ácido fosfórico.

18. b) 12 horas.

19. b) Fluoruro de sodio al 23 % en solución alcohólica.

20. a) Que no coma ni beba durante al menos cuatro horas, ni se cepille los dientes hasta el día siguiente.

TEST N.º 24

Selladores de fosas y fisuras. Concepto. Composición, metodologías, materiales e indicaciones

1. ¿Para qué sirve el sellado de fisuras?

a) Para eliminar las caries dentales.
b) Es un proceso de blanqueamiento dental.
c) Es un procedimiento preventivo contra la formación de caries dentales.
d) Todo lo anterior es cierto.

2. ¿Dónde se recomienda dar prioridad al uso de sellantes de fosas y fisuras?

a) En los cuatro primeros molares permanentes.
b) En los molares de la dentición temporal.
c) En los premolares permanentes.
d) En los caninos de la dentición temporal.

3. ¿A qué tipo de procedimiento pertenece la aplicación de selladores de fosas y fisuras?

a) Procedimiento preventivo.
b) Procedimiento paliativo.
c) Procedimiento anticaries.
d) Procedimiento de salud bucodental.

4. ¿Combinando con qué sustancia mejoraría la técnica de sellado de fisuras y fosas?

a) Con bicarbonato cálcico.
b) Con bicarbonato sódico.
c) Con flúor.
d) Con zinc.

5. ¿Cómo pueden ser los materiales de los sellantes, si se clasifican atendiendo a su resistencia?

a) Con relleno inorgánico.
b) Sin relleno.
c) Con relleno inorgánico y sin relleno.
d) Selladores con relleno orgánico.

6. ¿Cómo se denomina el material sellador que necesita de la aplicación de luz visible para su polimerización?

a) Composite.
b) Resina.
c) Fotopolimerizable.
d) Abrasivos.

7. ¿Qué constituyen los selladores sin relleno?

a) Resinas líquidas.
b) Resinas rígidas.
c) Materiales fotosensibles.
d) Todas son correctas.

8. ¿Qué ventaja tiene el material transparente en el sellado de fisuras?

a) Que suele ser blancos.
b) Consigue mejorar la resistencia de la abrasión.
c) Que no enmascara el diente, permitiendo ver la aparición de caries.
d) Todas son correctas.

9. ¿Qué propiedad no poseen los selladores resinosos?

a) Penetran peor que otros sellantes en las fosas y fisuras.
b) Poseen buena resistencia al desgaste.
c) Existen de resina convencional con y sin liberación de flúor.
d) Buena adhesión y viscosidad.

10. ¿Qué debemos realizar antes de empezar con el método o técnica del sellado?

a) Una serie de marcas en la pieza dental para que se fije mejor el sellado.
b) Una buena limpieza de la pieza dental.
c) No es necesario realizar nada antes de iniciar el método de sellado.
d) Un aislamiento para conseguir una buena adhesión del sellador y que no se caiga.

11. ¿Cuál suele ser el primer paso en la técnica del sellado y el más idóneo o efectivo?

a) Fresado de la zona careada.
b) Aislamiento relativo.
c) Rellenado de la fosa o fisura.
d) Aislamiento absoluto.

12. ¿Qué afirmación sobre el aislamiento relativo es falsa?

a) La colocación de los rollos de algodón en el maxilar superior se realiza por vestibular.
b) La colocación de los rollos de algodón en el maxilar inferior se realiza uno por vestibular y otro por lingual.
c) Los rollos de algodón se usan sin necesidad del sistema de aspiración de cánulas desechables.
d) Los rollos de algodón hay que mojarlos previamente con la jeringa de triple.

13. ¿Qué afirmación sobre el aislamiento absoluto es falsa?

a) Protege al paciente de la deglución y aspiración de materiales.
b) Evita la isquemia sobre la encía.
c) Ofrece un campo de trabajo aséptico y seco.
d) Retrae los tejidos blandos, protegiéndolos.

14. ¿Mediante qué útil o herramienta se logra el anclaje del dique de goma en el aislamiento absoluto?

a) Se logra por medio de bombeador de dique FP2A.
b) Se logra por medio de clamps.
c) Se logra por medio de tampón.
d) Se logra por medio de seda dental.

15. ¿Cuál es el código del clamp o grapa universal utilizada en aislamiento absoluto?

a) 2 y 2A.
b) 7, 8 y 8A.
c) W8A.
d) 212.

16. ¿Qué útil es una especie de pinza especial para colocar la grapa en el diente, al colocar el dique de goma?

a) Tampón.
b) Arco de Young.
c) Portaclamps.
d) Pinzas gubias.

17. ¿Qué se utiliza para sacar las alas del clamp por encima del dique y garantizar la sujeción del dique al diente y evitar paso de agua o saliva?

a) Portaclamp.
b) Arco de Young.
c) Perforador de dique.
d) Bombeador FP2A.

18. ¿De qué material es normalmente el dique de goma?

a) Plástico duro.
b) Látex.
c) Silicona.
d) Caucho neopreno.

19. ¿Qué útil que se emplea en el aislamiento es el de la imagen?

a) Tampón.
b) Perforador de dique.
c) Arco sostenedor.
d) Portaclamps.

20. ¿Qué resinas son actualmente las más empleadas en el sellado de fosas y fisuras?

a) Las resinas simples.
b) Las resinas compuestas.
c) Las resinas inorgánicas.
d) Las resinas simples adicionadas.

En MADTEST tienes **más preguntas de este tema**, y todos tus avances quedan registrados y se reflejan en el ranking.

¡Supera tus límites con MADTEST!

Solución al test n.º 24

1. c) Es un procedimiento preventivo contra la formación de caries dentales.

2. a) En los cuatro primeros molares permanentes.

3. a) Procedimiento preventivo.

4. c) Con flúor.

5. c) Con relleno inorgánico y sin relleno.

6. c) Fotopolimerizable.

7. a) Resinas líquidas.

8. c) Que no enmascara el diente, permitiendo ver la aparición de caries.

9. a) Penetran peor que otros sellantes en las fosas y fisuras.

10. d) Un aislamiento para conseguir una buena adhesión del sellador y que no se caiga.

11. d) Aislamiento absoluto.

12. c) Los rollos de algodón se usan sin necesidad del sistema de aspiración de cánulas desechables.

13. b) Evita la isquemia sobre la encía.

14. b) Se logra por medio de clamps.

15. b) 7, 8 y 8A.

16. c) Portaclamps.

17. d) Bombeador FP2A.

18. b) Látex.

19. b) Perforador de dique.

20. b) Las resinas compuestas.

Alteraciones de las encías, mucosa oral y glándulas salivares. Enfermedad periodontal. Prevención y control de las enfermedades peridontales. Enfermedad periodontal como factor de riesgo de otras enfermedades. Enfermedades periodontales como problema de salud pública

1. ¿Qué fármacos pueden llegar a producir quemaduras superficiales?

a) Ácido acetilsalicílico.
b) Penicilina.
c) Paracetamol.
d) Todas son ciertas.

2. ¿Qué trastorno de la mucosa oral o de la lengua se presenta generalmente en las infecciones bacterianas de la cavidad bucal?

a) Aftas.
b) Lengua saburral.
c) Herpes labial.
d) Herpes simple.

3. ¿Cuál es la clínica de la mucosa mordisqueada?

a) Áreas blanquecinas que se descaman.
b) Áreas blanquecinas que se descaman llegando a ulceraciones.
c) Zonas rojizas.
d) Grietas en los labios.

4. Antes de realizar la biopsia, ¿cuántos días se espera, como máximo, a que evolucionen normalmente las lesiones traumáticas de la mucosa oral?

a) 3.
b) 7.

c) 15.
d) 30.

5. ¿Qué color es el que predomina en las leucoplasias orales?

a) Verdoso.
b) Azulado.
c) Rojizo pardo.
d) Blanquecino

6. ¿Cómo podemos clasificar las leucoplasias?

a) Homogéneas y eritematosas.
b) Verrugosas y moteadas.
c) Homogéneas y no homogéneas.
d) Todas con correctas.

7. ¿Cuál suele ser la causa directa y más frecuente de las leucoplasias de la cavidad bucal?

a) Tabaquismo.
b) Dieta excesivamente grasa.
c) Dieta excesivamente azucarada.
d) Excesos de cobre o/y plata en forma de depósitos.

8. ¿En qué porcentaje de casos suele desaparecer la leucoplasia, al cabo de un año, si se deja el mal hábito tabáquico?

a) En, aproximadamente, el 30 %.
b) En, aproximadamente, el 45 %.
c) En, aproximadamente, el 60 %.
d) En, aproximadamente, el 75 %.

9. ¿Cuál es la localización típica del liquen bucal?

a) El paladar.
b) Las mejillas.
c) El suelo de la boca.
d) Puede tener muchas localizaciones.

10. ¿Qué nombre recibe el liquen bucal que se localiza en las encías de color rojo?

a) Liquen erosivo.
b) Liquen ampolloso.
c) Liquen plano de encía.
d) Liquen atrófico.

11. ¿Cuándo se puede considerar una periodontitis de estadio III?

a) Cuando no se dan pérdidas dentarias por razones periodontales.
b) Cuando la profundidad del sondaje está entre 6-7 mm.
c) Cuando la profundidad máxima de sondaje es de 4-5 mm.
d) Cuando la pérdida ósea en principalmente horizontal.

12. ¿Cómo se denomina aquella situación patológica asociada a placa bacteria-na producida en los tejidos que rodean a implantes dentales, caracterizada por una inflamación de la mucosa peri implantaría con subsiguiente pérdida progresiva del hueso de sostén?

a) Periodontitis.
b) Periimplantitis.
c) Perirradiculitis.
d) Mucositis periimplantaria.

13. ¿Qué afirmación es falsa en relación con el índice de enfermedad periodontal (IEP)?

a) Es un índice gingival.
b) Es un índice periodontal.
c) Para su cálculo se analiza un total de cinco piezas dentales, tres por lingual y dos por vestibular.
d) La presencia de una bolsa gingival de más de seis mm de profundidad se valora con seis puntos.

14. ¿Qué grado tendrá, tras el cálculo del índice de enfermedad periodontal (IEP), la presencia de bolsa gingival de menos de 3 mm de profundidad?

a) Grado 1.
b) Grado 2.
c) Grado 3.
d) Grado 4.

15. ¿Cuál es el índice periodontal más utilizado para las encuestas epidemiológicas, después de ser aceptado por la Federación Dental Internacional (FDI) y la Organización Mundial de la Salud (OMS)?

a) El índice periodontal (IP).
b) El índice de enfermedad periodontal (IEP).
c) El índice de hemorragia papilar de Mühlermann (IHP).
d) El índice Periodontal de Necesidad de Tratamiento de la Comunidad (CPTIN).

16. Las enfermedades periodontales pueden considerarse un factor importante a tener en cuenta en la aparición de algunas alteraciones sistémicas como:

a) Trastornos gastrointestinales.
b) Artritis reumatoide.
c) Diabetes.
d) Todas son correctas.

17. ¿Aproximadamente qué porcentaje de la población adulta europea presenta alguna forma de enfermedad periodontal?

a) 20 %.
b) 30 %.
c) 40 %.
d) 50 %

18. ¿Qué es realmente el pólipo pulpar?

a) Una pulpitis aguda serosa.
b) Una pulpitis crónica hiperplásica.
c) Una pulpitis crónica ulcerada.
d) Una pulpitis aguda mucopurulenta.

19. ¿Qué estudio microbiológico de la patología pulpar se realiza habitualmente?

a) Prueba de la cavidad.
b) Prueba de transiluminación.
c) Cultivos.
d) Prueba de la mordida.

20. ¿Qué tipo de lesión existe en la necrosis pulpar?

a) Un pólipo pulpar.
b) Una pulpitis reversible.
c) Una pulpitis irreversible.
d) Nada de lo anterior es cierto.

En MADTEST tienes **más preguntas de este tema**, y todos tus avances quedan registrados y se reflejan en el ranking.

¡Supera tus límites con MADTEST!

Solución al test n.º 25

1. a) Ácido acetilsalicílico.

2. b) Lengua saburral.

3. a) Áreas blanquecinas que se descaman.

4. c) 15.

5. d) Blanquecino

6. c) Homogéneas y no homogéneas.

7. a) Tabaquismo.

8. c) En, aproximadamente, el 60 %.

9. b) Las mejillas.

10. d) Liquen atrófico.

11. b) Cuando la profundidad del sondaje está entre 6-7 mm.

12. b) Periimplantitis.

13. c) Para su cálculo se analiza un total de cinco piezas dentales, tres por lingual y dos por vestibular.

14. d) Grado 4.

15. d) El índice Periodontal de Necesidad de Tratamiento de la Comunidad (CPTIN).

16. d) Todas son correctas.

17. d) 50 %

18. b) Una pulpitis crónica hiperplásica.

19. c) Cultivos.

20. c) Una pulpitis irreversible.

TEST N.º 26

Métodos de tratamiento de la placa, tártaro y tinciones por el higienista dental. Tartrectomía. Controles periódicos y mantenimiento. Instrumental utilizado

1. ¿Qué tinciones puede eliminar el spray de bicarbonato?

a) En algunos casos las extrínsecas, siempre que sea cálculo teñido.
b) Las manchas extrínsecas del diente.
c) No elimina manchas, solo cálculo.
d) Las manchas intrínsecas del diente.

2. ¿Qué instrumentos de estos no se emplea para pulir superficies dentales?

a) Copas de goma.
b) Cepillos.
c) Azadas.
d) Tiras de papel.

3. La cureta "Gracey" para el raspado de piezas posteriores zona distal, es:

a) 13/14.
b) 15/16.
c) 17/18.
d) Ninguna es correcta.

4. ¿Qué instrumento trabaja por presión y es utilizado para desalojar el cálculo de los espacios interproximales y caras linguales de los dientes anteroinferiores?

a) Azada.
b) Cincel.
c) Cureta.
d) Hoz.

5. ¿Mediante qué mecanismo trabaja la hoz?

a) Trabaja por tracción.
b) Trabaja por vibración.
c) Trabaja por presión.
d) Trabaja por tracción y presión.

6. ¿Qué instrumento de estos se utiliza para el raspado y alisado radicular?

a) Periostótomo.
b) Fórceps de raíces.
c) Cureta.
d) Punta Morse.

7. ¿Qué curetas universales son las más utilizadas?

a) Las tipo Kelly.
b) Las tipo Columbia.
c) Las tipo Gracey.
d) Las tipo Karting.

8. ¿Para qué se emplea la cureta de Gracey n.º 1/2?

a) Se emplea para incisivos y caninos, sobre todo por lingual o palatino.
b) Se emplea para incisivos y caninos, sobre todo para caras vestibulares.
c) Se emplea para molares y premolares, sobre todo para caras vestibulares.
d) Se emplea para molares y premolares, sobre todo por lingual o palatino.

9. ¿Qué curetas Gracey estándar sirven exclusivamente para dientes posteriores?

a) 1/2 y 3/4.
b) 7/8 y 9/10.
c) 7/8, 9/10 y 11/12.
d) 7/8, 9/10, 11/12 y 13/14.

10. ¿Con qué movimiento de trabajo hay menos riesgo de lesión del tejido blando durante el curetaje?

a) Vertical.
b) Horizontal.
c) Oblicuo.
d) Circunferencial.

11. ¿Qué modalidad de pH de sangre se alcanza al emplear un pulidor aire-polvo?

a) Fuertemente alcalino.
b) Ligeramente alcalino.

c) Ligeramente ácido.
d) Neutro.

12. ¿Qué tiempo tarda en normalizarse el pH sanguíneo de un usuario sano, sobre el que ha empleado un pulidor aire-polvo?

a) 1 o 2 días.
b) De 3 a 5 días.
c) Una semana.
d) Un mes.

13. ¿En qué personas es problemático emplear un pulidor aire-polvo?

a) En individuos que abusan del consumo de diuréticos.
b) En individuos que padecen de diarrea crónica.
c) En individuos que abusan del consumo de laxantes.
d) Es problemático en todos casos anteriormente nombrados.

14. ¿Qué es fundamental realizar tras una tartrectomía y un raspaje y alisado dentario?

a) Un pulido de la corona.
b) Un pulido de la raíz.
c) Un pulido tanto de la corona como de la raíz.
d) Un curetaje de raíz y alveolo dentario.

15. ¿Qué presión aérea ejerce el Dentsply-Cavitron Prophy-Jet (expresada en kg/cm^2)?

a) 3,5 a 7.
b) 7,5 a 15.
c) 10 a 20.
d) 15 a 30.

16. ¿A qué temperatura se mantiene constante en el Dentsply-Cavitron Prophy-Jet debido al termostato que posee?

a) Se mantiene la temperatura del agua constante a 20,5 ºC.
b) Se mantiene la temperatura del agua constante a 28,3 ºC.
c) Se mantiene la temperatura del agua constante a 37,7 ºC.
d) No se mantiene constante, no tiene termostato.

17. ¿De qué madera generalmente es el material que se coloca como cuña en los portapulidores?

a) De naranjo.
b) De abedul.

c) De cedro.
d) De algarrobo.

18. Indica la respuesta incorrecta, acerca del pulido mecánico:

a) Se puede utilizar la jeringa de triple función para irrigar las áreas con un chorro de agua cuando se termina con cada arcada.
b) La velocidad de la copa de goma es fundamental para disminuir el calor por fricción y asegurar un pulido efectivo.
c) Un área, dentro de la cavidad bucal, fácil de atender es el área lingual anterior mandibular.
d) Cuando finaliza el procedimiento hay que indicar al paciente que se enjuague para eliminar todo el agente de pulido residual

19. Indica cuál de las siguientes es una ventaja del pulido dentario mecánico:

a) Es un método rápido y preciso.
b) Genera gran cantidad de calor por fricción.
c) Necesita una fuente de energía para su funcionamiento.
d) Ausencia de ruidos mecánicos, y por tanto, mejor aceptación por parte del paciente.

20. El pulido aire-polvo nunca debe aplicarse:

a) Sobre restauraciones de composite.
b) En las caras oclusales de los terceros molares.
c) En caso de gingivitis.
d) Todas son ciertas.

En MADTEST tienes **más preguntas de este tema**, y todos tus avances quedan registrados y se reflejan en el ranking.

¡Supera tus límites con MADTEST!

Solución al test n.º 26

1. b) Las manchas extrínsecas del diente.

2. c) Azadas.

3. a) 13/14.

4. b) Cincel.

5. d) Trabaja por tracción y presión.

6. c) Cureta.

7. b) Las tipo Columbia.

8. b) Se emplea para incisivos y caninos, sobre todo para caras vestibulares.

9. d) 7/8, 9/10, 11/12 y 13/14.

10. a) Vertical.

11. b) Ligeramente alcalino.

12. a) 1 o 2 días.

13. d) Es problemático en todos casos anteriormente nombrados.

14. c) Un pulido tanto de la corona como de la raíz.

15. a) 3,5 a 7.

16. c) Se mantiene la temperatura del agua constante a 37,7 ºC.

17. a) De naranjo.

18. c)Un área, dentro de la cavidad bucal, fácil de atender es el área lingual anterior mandibular.

19. a) Es un método rápido y preciso.

20. a) Sobre restauraciones de composite.

TEST N.º 27

Concepto de salud y enfermedad. Educación para la salud en odontología: individual y grupal. Programas de salud bucodental

1. ¿Cómo define la OMS la salud desde 1946?

a) Ausencia de enfermedad.
b) Estado de equilibrio físico y mental.
c) Bienestar físico, psíquico y social, no solo ausencia de enfermedad.
d) Vida libre de estrés.

2. ¿Cuál de los siguientes factores no se considera un factor de riesgo exógeno en el periodo prepatogénico?

a) Genética.
b) Radiación.
c) Tabaco.
d) Contaminación.

3. El periodo de incubación o latencia de una enfermedad se caracteriza por:

a) La aparición de síntomas severos.
b) Un estado clínico manifiesto.
c) La resolución de la enfermedad.
d) Actividad patológica sin síntomas.

4. ¿Cuál es el objetivo de la prevención terciaria?

a) Detectar precozmente la enfermedad.
b) Evitar la exposición al agente causal.
c) Reducir complicaciones y secuelas.
d) Controlar la transmisión de infecciones.

5. ¿Qué enfermedad está causada por agentes biológicos?

a) Cáncer de pulmón.
b) Hepatitis viral.

c) Sordera por ruido.
d) Intoxicación por plomo.

6. ¿Cuál es una característica del modelo comunitario de Educación para la Salud (EPS)?

a) Comunicación unidireccional.
b) Participación de colectivos no sanitarios.
c) Exclusiva responsabilidad del profesional sanitario.
d) Orientación solo al paciente individual.

7. ¿Qué se considera prevención primaria?

a) Diagnóstico precoz.
b) Tratamiento de secuelas.
c) Vacunación.
d) Rehabilitación.

8. ¿Cuál de estas no es una enfermedad degenerativa?

a) Artritis reumatoide.
b) Alzheimer.
c) Tuberculosis.
d) Artrosis.

9. ¿Cuál de las siguientes acciones corresponde a la prevención secundaria?

a) Cribado de cáncer de mama.
b) Promoción del ejercicio físico.
c) Administración de vacunas.
d) Reeducación post-accidente.

10. ¿Cuál de estos programas forma parte de los programas de salud bucodental?

a) Control del desarrollo físico.
b) Educación para la mujer fértil.
c) Higiene bucal escolar.
d) Control natal.

11. ¿Qué tipo de enfermedad es la diabetes tipo 1, según su etiología?

a) Infecciosa.
b) Hereditaria.
c) Inmunológica.
d) Degenerativa.

12. ¿Cuál es un signo clínico, no un síntoma?

a) Dolor de cabeza.
b) Náusea.
c) Mareo.
d) Fiebre.

13. El programa de educación sanitaria dirigido a embarazadas tiene como objetivo:

a) Diagnosticar enfermedades.
b) Controlar tumores ginecológicos.
c) Instruir en técnicas quirúrgicas.
d) Fomentar el tabaquismo.

14. ¿Cuál de las siguientes enfermedades tiene etiología genética?

a) Cáncer de piel por exposición solar.
b) Anemia falciforme.
c) Neumonía.
d) Asma ocupacional.

15. ¿Qué fase de la historia natural de la enfermedad corresponde a la recuperación?

a) Prodrómica.
b) Latencia.
c) Estado.
d) Resolución.

16. La EPS en atención primaria incluye:

a) Actividades recreativas.
b) Diagnóstico hospitalario.
c) Promoción de hábitos saludables.
d) Campañas publicitarias.

17. El agente causal del SIDA es un:

a) Hongo.
b) Virus.
c) Parásito.
d) Protozoo.

18. ¿Qué significa "síndrome"?

a) Una enfermedad infecciosa.
b) Alteración metabólica.

c) Conjunto de signos y síntomas característicos.
d) Daño celular irreversible.

19. ¿Qué factor influye más en el estado de salud según el documento?

a) Genética.
b) Medio ambiente.
c) Estilo de vida.
d) Sistema inmunológico.

20. Una enfermedad que afecta a todo el organismo es considerada:

a) General.
b) Localizada.
c) Sistémica.
d) Aguda.

En MADTEST tienes **más preguntas de este tema**, y todos tus avances quedan registrados y se reflejan en el ranking.

¡Supera tus límites con MADTEST!

Solución al test n.º 27

1. c) Bienestar físico, psíquico y social, no solo ausencia de enfermedad.

2. a) Genética.

3. d) Actividad patológica sin síntomas.

4. c) Reducir complicaciones y secuelas.

5. b) Hepatitis viral.

6. b) Participación de colectivos no sanitarios.

7. c) Vacunación.

8. c) Tuberculosis.

9. a) Cribado de cáncer de mama.

10. c) Higiene bucal escolar.

11. c) Inmunológica.

12. d) Fiebre.

13. b) Controlar tumores ginecológicos.

14. b) Anemia falciforme.

15. d) Resolución.

16. c) Promoción de hábitos saludables.

17. b) Virus.

18. c) Conjunto de signos y síntomas característicos.

19. c) Estilo de vida.

20. a) General.

Cuidados orales y preventivos en la mujer embarazada y en el lactante

1. Desde un punto de vista clínico, ¿qué afirmación es incorrecta acerca del granuloma gravídico?

a) Se puede presentar en forma de tumores pedunculados o sésiles.
b) Puede aparecer como un tumor único de color rojo púrpura o azulado.
c) Puede mostrarse como un tumor asintomático.
d) Se asocia habitualmente a reabsorción del hueso subyacente.

2. ¿Qué afirmación es correcta respecto al tratamiento del granuloma gravídico?

a) El tratamiento debe realizarse cuanto antes.
b) La mayoría remiten tras el parto o disminuyen de tamaño.
c) Presentan una baja tendencia a la recidiva.
d) Las respuestas a) y c) son correctas.

3. ¿Cuál es el principal objetivo en el plan de tratamiento de una gestante?

a) Prevención.
b) Administración de antibióticos.
c) Administración de analgésicos.
d) Todas las anteriores son correctas.

4. ¿En qué aspecto es importante educar a la mujer en lo referente a los cuidados bucales de la embarazada?

a) Es importante educar a la paciente en lo que respecta a higiene bucal y nutrición.
b) Es importante educar a la paciente en lo que respecta a administración de antibióticos y nutrición.
c) Es importante educar a la paciente en lo que respecta a nutrición y realización de ejercicio.
d) Es importante educar a la paciente en lo que respecta a higiene bucal y administración de analgésicos.

5. ¿Qué pautas de tratamiento bucodental están indicadas en la mujer embarazada en el primer trimestre de gestación?

a) Tratamientos de urgencia, debiéndose proceder a tratamientos electivos.
b) Tratamiento odontológico, limitándolo tan solo a realizar aquellos procedimientos más simples.
c) Cualquier tipo de tratamiento dental.
d) Todas las anteriores son incorrectas.

6. ¿Cuál es el momento ideal para llevar a cabo cualquier tipo de tratamiento dental en mujeres gestantes?

a) Primer trimestre.
b) Segundo trimestre.
c) Tercer trimestre.
d) Puede realizarse sin problema en cualquier trimestre.

7. ¿Cuál de las siguientes afirmaciones es una medida general de precaución referente a la administración de fármacos durante el embarazo?

a) Utilizar los medicamentos de reciente promoción.
b) Prescribir preferentemente multipreparados farmacéuticos de mayor espectro.
c) Administrar solo los medicamentos necesarios y con la pauta que permita utilizar la dosis mínima eficaz durante el menor tiempo posible.
d) Las respuestas b) y c) son correctas.

8. ¿Cuál de los siguientes antibióticos no se considera seguro administrar a una mujer embarazada?

a) Penicilina.
b) Eritromicina (a excepción de la sal de estolato).
c) Cefalosporinas.
d) Tetraciclinas.

9. ¿Qué antibióticos presentan potencial de nefrotoxicidad y ototoxicidad fetal?

a) Eritromicina.
b) Penicilina.
c) Aminoglucósidos.
d) Tetraciclinas.

10. ¿Cuál es el analgésico de elección durante el embarazo?

a) Ácido acetilsalicílico.
b) Ibuprofeno.
c) Paracetamol.
d) Codeína.

11. ¿Cuándo los niños son más susceptibles de padecer caries infantil precoz por alimentación cariogénica?

a) Durante los dos primeros años.
b) Durante el primer año.
c) Después del segundo año.
d) Ninguna de las anteriores es correcta.

12. ¿Qué alimentos se desaconsejan a los padres que tomen los niños para evitar la aparición de la caries infantil precoz (CPI)?

a) Filete de cerdo o/y de pollo.
b) Azúcar refinado, azúcares de consistencia pegajosa y los denominados "azúcares ocultos" (galleta, bollería, zumos industriales…).
c) Hortaliza, verduras, patatas y azúcares en cuya composición existan fibras indigeribles, por su riqueza en azúcares tipo celulosa.
d) Todos se aconsejan.

13. ¿A partir de cuándo hay que dejar al niño responsable de su higiene bucodental?

a) A partir de los tres años.
b) Nunca antes de los 5 años.
c) A partir de los dos años.
d) Nunca se le debe dejar esa responsabilidad.

14. ¿Cuándo se debería empezar con la higiene bucal?

a) Antes de que erupcionen los primeros dientes.
b) Cuando erupcione el primer diente.
c) Cuando erupcione el primer molar.
d) Cuando el niño deje la lactancia materna.

15. ¿Qué concentración de flúor se recomienda que lleve la pasta dental en niños de 2-3 años que sepan escupir?

a) 250 ppm.
b) 500 ppm.
c) 1000 ppm.
d) 1100 ppm.

16. ¿Por qué no se recomienda el uso de pasta dental fluorada en niños que no hayan aprendido aún a escupir?

a) Por el riesgo de intoxicación.
b) Por la aparición de fluorosis dental en la dentición temporal.

c) Por la aparición de fluorosis dental en la dentición permanente.
d) Las respuestas a) y b) son correctas.

17. ¿A qué edad desaparecen los riesgos de fluorosis dental por ingestión sistémica de flúor?

a) A partir de los tres años.
b) A partir de los 6-7 años.
c) A partir de la adolescencia.
d) Nunca cesa el riesgo de fluorosis.

18. ¿Cuáles son las cuatro medidas preventivas dentro de los distintos Programas de Salud Bucodental existentes?

a) Cepillado, consumo de azúcares, uso del flúor y control periódico con el odontólogo.
b) Cepillado, consumo de azúcares, control de placa y control periódico con el odontólogo.
c) Control de placa, consumo de azúcares, uso del flúor y control periódico con el odontólogo.
d) Cepillado, control de placa, uso del flúor y control periódico con el odontólogo.

19. ¿En qué zonas dentales comienzan la mayoría de las caries dentales?

a) Caras vestibulares.
b) Caras distales.
c) Caras mesiales.
d) Caras oclusales.

20. ¿Qué medida es necesaria para eliminar la placa microbiana de las superficies de contacto de un diente con otro?

a) Es necesario el uso de colutorios.
b) Es necesario el uso de hilo dental.
c) Es necesario el uso de cepillo de dientes.
d) Es necesario el uso de irrigadores.

Solución al test n.º 28

1. d) Se asocia habitualmente a reabsorción del hueso subyacente.

2. b) La mayoría remiten tras el parto o disminuyen de tamaño.

3. a) Prevención.

4. a) Es importante educar a la paciente en lo que respecta a higiene bucal y nutrición.

5. d) Todas las anteriores son incorrectas.

6. b) Segundo trimestre.

7. c) Administrar solo los medicamentos necesarios y con la pauta que permita utilizar la dosis mínima eficaz durante el menor tiempo posible.

8. d) Tetraciclinas.

9. c) Aminoglucósidos.

10. c) Paracetamol.

11. a) Durante los dos primeros años.

12. b) Azúcar refinado, azúcares de consistencia pegajosa y los denominados "azúcares ocultos".

13. b) Nunca antes de los 5 años.

14. a) Antes de que erupcionen los primeros dientes.

15. b) 500 ppm.

16. c) Por la aparición de fluorosis dental en la dentición permanente.

17. b) A partir de los 6-7 años.

18. a) Cepillado, consumo de azúcares, uso del flúor y control periódico con el odontólogo.

19. d) Caras oclusales.

20. b) Es necesario el uso de hilo dental.

Atención odontológica en pacientes con patología sistémica: cardiopatía, diabetes, hipertensión arterial u otras patologías. Papel del higienista dental en pacientes especiales. Peculiaridades en el tratamiento y cuidados en estos pacientes

1. ¿Qué tipo de dato clínico se persigue con la anamnesis o interrogatorio al paciente en la consulta dental?

a) Identificar los síntomas.
b) Identificar los signos.
c) Tanto los signos como los síntomas.
d) Se consiguen otros datos no clínicos (antecedentes, datos personales…), pero ninguno a nivel sintomático.

2. ¿Qué tipo de exploraciones clínicas se le realiza al paciente en la consulta dental, que complementa la anamnesis?

a) Exploración intraoral.
b) Exploración extraoral e intraoral.
c) Exploración general e intraoral.
d) Exploración general, intraoral y extraoral.

3. ¿Qué inspección general del individuo nos puede ayudar en conocer aspectos odontológicos del sujeto ya que influye en las características faciales y maxilares?

a) Talla.
b) Peso.
c) Biotipo.
d) Color de piel.

4. ¿Qué exploración de las siguientes no es intraoral?

a) La de los rebordes alveolares y la mucosa queratinizada que los recubre.
b) La de tejidos blandos orales.
c) Las piezas dentales existentes.
d) La de las adenopatías de la zona.

5. ¿Qué tipo de riesgo de sangrado existe en un paciente anticoalgulado, que se le hace una exodoncia?

a) Sin riesgo.
b) Riesgo bajo.
c) Riesgo medio.
d) Riesgo alto.

6. ¿Cuál de las siguientes alteraciones metabólicas sistémicas tiene mayor repercusión en la cavidad oral?

a) Gota.
b) Obesidad leve.
c) Amiloidosis.
d) Ninguna de las anteriores.

7. De las siguientes patologías respiratorias, ¿cuál tiene una mayor repercusión en la cavidad oral?

a) Faringitis.
b) Catarro.
c) Traqueitis aguda.
d) Cáncer pulmonar.

8. De las siguientes infecciones, ¿cuál afecta con mayor frecuencia a la cavidad oral?

a) Candidiasis.
b) Tiña.
c) Viriasis catarral.
d) Ninguna de las anteriores.

9. ¿Cómo se denomina la acumulación de lípidos y grasa, colesterol y calcio en las paredes de las arterias?

a) Troboflebitis.
b) Varices.
c) Arteriris.
d) Aterosclerosis.

10. ¿Qué factor en la consulta dental puede actuar como desencadenante de una isquemia cardíaca?

a) El haber ayunado.
b) El haber comido copiosamente.
c) El estrés que vive el paciente.
d) La falta de horas de sueño.

11. ¿Cuál debe ser el índice internacional normalizado (INR), el mismo día que se vaya a realizar el tratamiento? El INR no debe ser mayor de:

a) 0,5.
b) 1.
c) 1,5.
d) 3.

12. ¿Qué valor plasmático de la glucemia de los siguientes es alto?

a) 90 mg/dl.
b) 100 mg/dl.
c) 120 mg/dl.
d) Ninguno de los anteriores.

13. ¿Qué tipo de diabetes mellitus es la más frecuente?

a) La tipo I.
b) La tipo II.
c) La autoinmune.
d) La gestacional.

14. ¿Qué diabetes se relaciona con factores genéticos siendo muchos los genes implicados, y también con factores ambientales (dieta y sobrepeso)?

a) La tipo I.
b) La tipo II.
c) La autoinmune.
d) La gestacional.

15. ¿Cómo se efectúa el estudio previo (screening) que puede llevar al diagnóstico de diabetes en caso de embarazo con otras pruebas?

a) SOG con 100 g.
b) Glucemia plasmática al azar.
c) Glucemia plasmática basal.
d) Tolerancia alterada de la glucosa (TAG).

16. ¿Qué situaciones pueden aparecer en consulta dental ante un paciente diabético?

a) Sock.
b) Hipertensión.
c) Hipoglucemia e hiperglucemia.
d) Ninguna de las anteriores, es rarísimo.

17. ¿En qué tipo de diabetes es más frecuente la hipoglucemia?

a) Tipo I.
b) Tipo II.
c) Gestacional.
d) En todas las anteriores.

18. ¿Qué precaución se debe tomar en pacientes con antecedentes de hipertensión arterial con tratamiento de fármacos betaboqueantes (atenolol, propanolol, timolol) o antidepresivos inhibidores de la monoaminooxidasa (IMAO), donde se utilizan anestésicos locales?

a) Reposo antes de introducirlo.
b) Asociarlo a adrenalina.
c) No asociarlo a adrenalina.
d) Trabajar lentamente y en citas largas.

19. ¿Qué manifestaciones bucales son frecuentes en un paciente diabético?

a) Xerostomía: boca seca.
b) Síndrome de la boca ardiente.
c) Aftas: úlceras.
d) Pueden presentar todas las anteriores.

20. ¿Cuál es la medida a adoptar con un paciente diabético, si queremos evitar descompensación de iones e interferencias en su tratamiento habitual?

a) Se programa la consulta a primera hora de la mañana.
b) Se programa la consulta al mediodía.
c) Se programa la consulta por la tarde.
d) Todas son correctas.

Solución al test n.º 29

1. a) Identificar los síntomas.

2. d) Exploración general, intraoral y extraoral.

3. c) Biotipo.

4. d) La de las adenopatías de la zona.

5. d) Riesgo alto.

6. c) Amiloidosis.

7. d) Cáncer pulmonar.

8. a) Candidiasis.

9. d) Aterosclerosis.

10. c) El estrés que vive el paciente.

11. c) 1,5.

12. d) Ninguno de los anteriores.

13. b) La tipo II.

14. b) La tipo II.

15. a) SOG con 100 g.

16. c) Hipoglucemia e hiperglucemia.

17. a) Tipo I.

18. c) No asociarlo a adrenalina.

19. d) Pueden presentar todas las anteriores.

20. a) Se programa la consulta a primera hora de la mañana.

TEST N.º 30

Lesiones orales. Neoplasia oral. Concepto, etiología y prevención. Papel del higienista dental en la detección precoz del cáncer oral

1. ¿Dónde se encuentra propiamente dicho el piso de la boca?

a) Debajo de las mejillas internas de la boca.
b) Delante de la orofaringe.
c) En la pequeña zona que se encuentra detrás de las muelas del juicio y debajo de las mejillas internas de la boca.
d) Debajo de la lengua.

2. ¿Qué parte de la lengua está en la cavidad oral?

a) Un tercio anterior.
b) Los dos tercios anteriores.
c) Los dos tercios posteriores.
d) Toda, o sea los tres tercios.

3. ¿En qué zona son más frecuentes los tumores en la lengua?

a) En la punta.
b) En su base.
c) En los bordes laterales.
d) En su techo.

4. ¿Qué tumores malignos son más frecuentes en la lengua?

a) Escamosos y exofíticos.
b) Sarcomas y ulcerosos.
c) Escamosos e infiltrantes.
d) Ninguno de los anteriores.

5. ¿Qué porcentaje representa el cáncer de boca dentro de todos los cánceres de cabeza y cuello?

a) 1 al 15 %.
b) 15 al 20 %.
c) 20 al 23 %.
d) 8 al 12 %.

6. ¿Qué tipo anatomopatológico es el más frecuente en cánceres del piso de la boca?

a) Carcinoma epidermoide.
b) Carcinoma espinocelular.
c) Adenocarcinoma.
d) Sarcoma.

7. ¿Hacia dónde se dirige el drenaje linfático de los cánceres del suelo de la boca?

a) Se dirige hacia los ganglios yugulodigástricos.
b) Hacia el submandibular.
c) Hacia el submentoniano.
d) Se dirige hacia los ganglios submandibular y submentoniano.

8. ¿Cuál o cuáles son factores pronósticos del cáncer del suelo de la boca?

a) Tamaño tumoral y afectación ganglionar.
b) Topografía del tumor en determinadas estructuras anatómicas de la boca o circundantes a ella.
c) Edad de la persona afectada.
d) Son ciertas todas las anteriores.

9. ¿Qué forma adoptan los cánceres localizados en el surco pelvilingual, es decir, entre el suelo de la boca y la lengua móvil?

a) Forma de trípode.
b) Forma de hoja de un libro.
c) Forma de pirámide octagonal.
d) Forma de bilingual.

10. ¿En qué zona anatómica es más frecuente a nivel localizativo el cáncer primario epidermoide del suelo de la boca?

a) En la zona o parte anterior.
b) En la zona o parte lateral derecha.
c) En la zona o parte lateral izquierda.
d) En la zona o parte posterior.

11. ¿Cuáles son los órganos críticos en el caso de tumores malignos muy infiltrantes de la mucosa bucal?

a) Mandíbula y dientes.
b) Mandíbula, encías y dientes.
c) Mandíbula, encías, dientes y tejidos blandos.
d) Mandíbula, encías, dientes, tejidos blandos y piel.

12. ¿Qué tipo anatomopatológico es el más frecuente en cánceres de la mucosa bucal?

a) Miosarcoma de "células en avena".
b) Carcinoma de células escamosas o epidermoide.
c) Adenocarcinoma.
d) Sarcoma.

13. ¿A qué estructuras anatómicas se adhiere la mucosa de la pared posterior de la orofaringe?

a) A la úvula.
b) A las amígdalas.
c) Al maxilar.
d) A las vértebras cervicales.

14. ¿Con qué factores se correlacionan las metástasis linfáticas en los cánceres de orofaringe?

a) Con un drenaje linfático defectuoso.
b) Con el tamaño del tumor primario y su grado de infiltración.
c) Con una circulación sanguínea anárquica.
d) Con todo lo anterior.

15. ¿Dónde se originan la mayoría de los tumores malignos de cabeza y cuello, sin tomar en cuenta la piel?

a) Se originan de la mucosa del tracto aerodigestivo inferior.
b) Se originan de la capa muscular del tracto aerodigestivo superior.
c) Se originan de la mucosa del tracto aerodigestivo superior.
d) Se originan de la mucosa del tracto digestivo superior.

16. ¿Qué afirmación sobre los factores de riesgo de cáncer oral es falsa?

a) Los factores de riesgo más importantes son el tabaco y el alcohol.
b) El alcohol potencia el efecto carcinogénico del tabaco.
c) El carcinoma de células escamosas del tracto aerodigestivo superior entre los fumadores es raro.
d) Dentro de los factores de riesgo ocupacionales se encuentran la refinación del níquel y otros metales, la carpintería y la exposición a fibras textiles, ácido sulfúrico y asbestos.

17. ¿Cómo se denomina aquella alteración morfológica del tejido en la que existe una mayor probabilidad de transformación cancerosa respecto a su contrapartida normal?

a) Condición precancerosa.
b) Lesión precancerosa.
c) Predisposición cancerosa.
d) Condición predisponerte.

18. ¿Con qué está estrechamente relacionada la lesión precancerosa como condición predisponente para padecer carcinoma?

a) Con factores precipitantes.
b) Con factores inherentes
c) Con predisposición tisular.
d) Nada de lo anterior.

19. ¿Cuáles son las principales lesiones precancerosas orales?

a) Son las leucoplasias.
b) Son las eritroplasias.
c) Son las displasias.
d) Son ciertas las respuestas a) y b).

20. ¿Qué afirmación es correcta respecto a la leucoplasia oral?

a) Tiene una apariencia uniforme en su color.
b) No presenta grandes variaciones en su presentación clínica.
c) Corresponde a una mancha localizada en la mucosa, de no menos de 0,5 cm, que no se desprende al raspado.
d) Todas las anteriores son correctas.

En MADTEST tienes **más preguntas de este tema**, y todos tus avances quedan registrados y se reflejan en el ranking.

¡Supera tus límites con MADTEST!

Solución al test n.º 30

1. d) Debajo de la lengua.

2. b) Los dos tercios anteriores.

3. c) En los bordes laterales.

4. a) Escamosos y exofíticos.

5. d) 8 al 12 %.

6. a) Carcinoma epidermoide.

7. d) Se dirige hacia los ganglios submandibular y submentoniano.

8. d) Son ciertas todas las anteriores.

9. b) Forma de hoja de un libro.

10. a) En la zona o parte anterior.

11. d) Mandíbula, encías, dientes, tejidos blandos y piel.

12. b) Carcinoma de células escamosas o epidermoide.

13. d) A las vértebras cervicales.

14. b) Con el tamaño del tumor primario y su grado de infiltración.

15. c) Se originan de la mucosa del tracto aerodigestivo superior.

16. c) El carcinoma de células escamosas del tracto aerodigestivo superior entre los fumadores es raro.

17. b) Lesión precancerosa.

18. c) Con predisposición tisular.

19. d) Son ciertas las respuestas a) y b).

20. c) Corresponde a una mancha localizada en la mucosa, de no menos de 0,5 cm, que no se desprende al raspado.

Equipo humano odontológico. Composición y organización. Colocación del paciente para la exploración bucodental. Posición del facultativo y del higienista. Ergonomía: objetivos y fundamentos. Posición básica del equipo dental

1. Todo lo que se dice del protésico dental es cierto, excepto que:

a) Es un titulado de Formación Profesional.
b) Encargado de elaborar las prótesis dentales.
c) Posee una titulación de grado medio.
d) No tiene competencia en la atención a los pacientes.

2. ¿Qué concepto se refiere a la forma en que un individuo percibe los requisitos necesarios para que las personas vivan en sociedad y como responde a ellos?

a) Biosociología.
b) Conducta moral.
c) Moralidad.
d) Desarrollo moral.

3. ¿Cómo se denomina al acto cuando se actúa no para beneficiar o perjudicar a los demás?

a) Acto incívico.
b) Acto inmoral.
c) Acto amoral.
d) Son ciertas las respuestas b) y c).

4. ¿A qué hace referencia la sección IV del código de ética profesional dental de la Comunidad Europea?

a) Al tipo de relaciones y comportamientos con los compañeros de profesión y sus opiniones sobre los mismos.
b) Al comportamiento de los profesionales con el público, el uso de la publicidad y de las titulaciones por parte de los profesionales de la odontología.

c) Al ejercicio de la profesión.
d) A las obligaciones del odontólogo y personal dental con los pacientes.

5. ¿Sobre qué principios se apoya toda la asistencia sanitaria?

a) Beneficencia y autonomía.
b) Beneficencia y justicia.
c) Autonomía, beneficencia, no maleficencia y justicia.
d) Autonomía y justicia.

6. ¿Qué se define como la obligación permanente de silencio que contrae el sanitario respecto a todo lo sabido o intuido sobre una o más personas en el transcurso de su relación profesional?

a) Responsabilidad profesional.
b) Secreto profesional.
c) Confidencialidad.
d) Nada de lo anterior es cierto.

7. ¿Cuál es el tiempo de vigencia del secreto profesional?

a) La duración de la relación con el paciente.
b) Toda la vida del paciente.
c) Los tres meses después de la relación con el paciente.
d) Incluso hasta después de la muerte del paciente.

8. ¿Quién debe guardar el secreto profesional, en los casos en que debe hacerse?

a) Odontoestomatólogo.
b) Higienista bucodental.
c) Auxiliar de odontología.
d) Compartido por el equipo de salud bucodental.

9. ¿Qué condición es aquella que posee el secreto profesional del deber de guardar el hecho conocido cuando este pueda producir resultados nocivos o injustos sobre el paciente si se viola el mismo?

a) En moral.
b) En jurídica.
c) En legal.
d) En legítima.

10. ¿Qué circunstancia para el higienista no es objeto de secreto profesional?

a) Confidencias del paciente, aunque sean ajenas a lo profesional.
b) Los datos sobre salud y enfermedad del paciente.

c) Cuando reconozca a un cadáver que se sospeche que ha podido morir como consecuencia de algún acto delictivo, en tal caso, se da parte a la justicia.

d) Todos los datos que se conocen por causa del trabajo realizado con o sin autorización y consentimiento del paciente.

11. ¿Con qué coincide el centro de la esfera del reloj imaginario que se utiliza en las posiciones del facultativo y el higienista?

a) Con el hombro izquierdo del facultativo.
b) Con la boca del paciente.
c) Con el pie derecho del higienista.
d) Con la mano izquierda del facultativo.

12. ¿Dónde se sitúan las tres horas en la esfera del reloj imaginario que se utiliza en las posiciones del facultativo y el higienista, de manera que el centro de la esfera coincida con la boca del paciente?

a) Por detrás de la nuca.
b) En su oreja derecha.
c) En sus pies.
d) En su oreja izquierda.

13. ¿Cuál de las posiciones horarias que se enumeran, tomando como referencia el paciente (centro de la esfera coincida con la boca), no es correcta?

a) Las tres horas en su oreja izquierda.
b) Las nueve horas en su oreja derecha.
c) Las seis horas en sus pies.
d) Las doce horas en su brazo derecho.

14. Dentro de las zonas horarias de colocación e intervención, ¿dónde se encuentra la zona estática?

a) Entre las 4 y las 8 horas.
b) Entre las 12 y las 4 horas.
c) Entre las 12 y las 2 horas.
d) Entre las 8 y las 11 horas.

15. ¿Qué zona horaria ocupará la posición del operador si este es diestro en la esfera del reloj imaginario que se utiliza en las posiciones del facultativo y el higienista?

a) Entre las 4 y las 8.
b) Entre las 12 y las 2.
c) Entre las 8 y las 12.
d) Entre las 12 y las 4.

16. ¿En qué posición horaria respecto del centro de referencia de la esfera se encuentra habitualmente el higienista dental en la técnica de cuatro manos?

a) Entre las 2 y las 4.
b) Entre las 4 y las 6.
c) Entre las 7 y las 12.
d) Entre las 8 y las 11.

17. ¿Cuál es la técnica de empleo de posiciones ergonómicas más habitual durante el trabajo en el consultorio dental?

a) Técnica a dos manos.
b) Técnica a seis manos.
c) Técnica a cuatro manos.
d) Técnica combinada a cuatro y seis manos.

18. ¿Cómo se denomina el lado en la técnica de instrumentación a cuatro manos conformado por brazo izquierdo del operador y brazo derecho del auxiliar?

a) Lado de transferencia.
b) Lado estático.
c) Lado pasivo.
d) Lado activo.

19. ¿Qué código numérico posee el dedo anular en la técnica de cuatro manos?

a) 1.
b) 2.
c) 3.
d) 4.

20. ¿Qué designación numérica, mediante código, sería asir concretamente el instrumento pinza en la técnica de cuatro manos al realizar un intercambio de instrumento (en lapicero)?

a) 1-3-5.
b) 4-5.
c) 1-3.
d) 1-2-3.

En MADTEST tienes **más preguntas de este tema**, y todos tus avances quedan registrados y se reflejan en el ranking.

¡Supera tus límites con MADTEST!

Solución al test n.º 31

1. c) Posee una titulación de grado medio.

2. b) Conducta moral.

3. c) Acto amoral.

4. c) Al ejercicio de la profesión.

5. c) Autonomía, beneficencia, no maleficencia y justicia.

6. b) Secreto profesional.

7. d) Incluso hasta después de la muerte del paciente.

8. d) Compartido por el equipo de salud bucodental.

9. a) En moral.

10. c) Cuando reconozca a un cadáver que se sospeche que ha podido morir como consecuencia de algún acto delictivo, en tal caso, se da parte a la justicia.

11. b) Con la boca del paciente.

12. d) En su oreja izquierda.

13. d) Las doce horas en su brazo derecho.

14. c) Entre las 12 y las 2 horas.

15. c) Entre las 8 y las 12.

16. a) Entre las 2 y las 4.

17. c) Técnica a cuatro manos.

18. c) Lado pasivo.

19. d) 4.

20. d) 1-2-3.

**La Unidad dental: concepto, estructura y funcionamiento.
Características del sillón dental. Iluminación. Sistemas de aspiración.
Jeringa, turbina, micromotor. Mantenimiento de la Unidad dental**

1. ¿Cómo denominamos al equipo móvil o fijo que puede combinarse con un sillón dental y formar una sola pieza o constituir un equipo separado que consiste en todos los elementos necesarios para el examen y las operaciones dentales?

a) Sillón dental.
b) Unidad dental.
c) Sistema operatorio dental.
d) Sistema de movilidad dental.

2. ¿Dónde se localizan realmente turbina, contra-ángulo, pieza de mano, la jeringa de triple función y otros accesorios?

a) En el sillón dental.
b) En la unidad dental.
c) En el sistema operatorio dental.
d) En el sistema de aspiración dental.

3. ¿Dónde se localizan todas las estructuras necesarias para el funcionamiento del sillón de la consulta dental?

a) En el respaldar.
b) En la base.
c) En el posabrazo derecho del sillón.
d) En el posabrazo izquierdo del sillón.

4. ¿Cada cuánto tiempo deben desinfectarse los filtros que tienen que tener la escupidera o salivadera?

a) Cada vez que se utilice.
b) Cada día.

c) Cada semana.
d) Cada mes.

5. ¿Dónde se sitúan los apéndices donde va colocada o incorporada la lámpara de luz halógena?

a) En el respaldo del sillón.
b) En la unidad dental.
c) En el cabezal articulado del sillón.
d) En la base del sillón.

6. ¿Qué afirmación del sillón dental es incorrecta?

a) Es el asiento donde se colocará el usuario para que se le realicen las actuaciones odontológicas.
b) Posee un cabezal, un respaldo, la zona de asiento y el reposapiés.
c) Debe ser de material fácilmente lavable y desinfectable.
d) Tanto el reposapiés como el cabezal no deben cubrirse con fundas de plástico, que prorrogan la permanencia de gérmenes en el sillón dental.

7. ¿Dónde se emplea la telerradiografía?

a) En endodoncia.
b) En eudoncia.
c) En periodoncia.
d) En ortodoncia.

8. ¿Qué técnica radiológica no ionizante se emplea en trastornos de ATM?

a) Panorex.
b) Telerradiografía.
c) RM.
d) Dentascan.

9. ¿Cómo se denomina la pantalla luminosa que sirve para poder visualizar las radiografías?

a) *Spray air-flow*.
b) Lámpara polimerizadora.
c) Negatoscopio.
d) Escáner.

10. ¿Qué equipo es el de la imagen 1?

a) Negatoscopio.
b) Baño de ultrasonido.

Imagen 1

c) Esterilizador de bolas.
d) Termoselladora.

11. ¿Qué utensilios se usan para separar el mercurio excedente que proviene de la mezcla de metales para empastado?

a) Vibrador de amalgama.
b) Lámpara polimerizadora.
c) Decantador de amalgama.
d) Mercuriante.

12. ¿De qué colores se recomienda que sean los armarios o módulos de almacenaje del material e instrumental dental?

a) Verdes o azulados.
b) Blancos o claros.
c) Sólidos o grisáceos.
d) Oscuros o negros.

13. ¿Qué instrumento de estos se emplea para la limpieza del instrumental dental?

a) Poupinel.
b) Autoclave.
c) Baño de ultrasonido.
d) Chemiclave.

14. ¿Mediante qué herramientas habitualmente se cierran las bolsas donde se introduce el instrumental antes de proceder a su esterilización?

a) Mediante vibrador de amalgama.
b) Mediante lámpara polimerizadora.
c) Mediante termoselladora.
d) Son ciertas las respuestas a) y c).

15. ¿Con qué herramienta se suelen esterilizar las limas empleadas en endodoncia?

a) Se suelen esterilizar con estufas de aire caliente.
b) Se suelen esterilizar con horno Poupinel.
c) Se suelen esterilizar con baño de ultrasonidos.
d) Se suelen esterilizar con esterilizador de bolas.

16. ¿Qué elementos o útiles empleados en la consulta dental entra dentro de la categoría de instalaciones técnicas?

a) Sillón dental.
b) Muebles auxiliares.

c) Aire comprimido.
d) Banqueta del operador.

17. ¿Cuáles son los mejores compresores de aire comprimido empleados en el equipo dental?

a) Los de agua.
b) Los de aceite.
c) Los autolubricados.
d) Los autoaireados.

18. ¿Cómo se denominan las cánulas flexibles desechables recambiables que se insertan en una manguera de aspiración más delgada para el trabajo rutinario?

a) Cánulas de un solo uso.
b) Cánulas de aspiración.
c) Aspiradores de saliva.
d) Aspiradores quirúrgicos.

19. Las amalgamas aspiradas por el sistema de aspiración deben:

a) Controlarse y filtrarse, para luego evacuarse como basura convencional.
b) Controlarse y filtrarse, para luego depositarse en depósitos o contenedores especiales.
c) Controlarse y filtrarse, para luego ser vertidas en contenedores de metales.
d) Nada de lo anterior es cierto.

20. ¿Por qué se llama al instrumento de trabajo jeringa triple de tres usos?

a) Se llama así por ser el instrumento de trabajo que lleva amalgama, spray y antisépticos.
b) Se llama así por ser el instrumento de trabajo que lleva agua, spray y antisépticos.
c) Se llama así por ser el instrumento de trabajo que lleva amalgama, agua y aire.
d) Se llama así por ser el instrumento de trabajo que lleva agua, spray y aire.

En MADTEST tienes **más preguntas de este tema**, y todos tus avances quedan registrados y se reflejan en el ranking.

¡Supera tus límites con MADTEST!

Solución al test n.º 32

1. b) Unidad dental.

2. b) En la unidad dental.

3. b) En la base.

4. b) Cada día.

5. b) En la unidad dental.

6. d) Tanto el reposapiés como el cabezal no deben cubrirse con fundas de plástico, que prorrogan la permanencia de gérmenes en el sillón dental.

7. d) En ortodoncia.

8. c) RM.

9. c) Negatoscopio.

10. d) Termoselladora.

11. c) Decantador de amalgama.

12. b) Blancos o claros.

13. c) Baño de ultrasonido.

14. c) Mediante termoselladora.

15. d) Se suelen esterilizar con esterilizador de bolas.

16. c) Aire comprimido.

17. c) Los autolubricados.

18. c) Aspiradores de saliva.

19. b) Controlarse y filtrarse, para luego depositarse en depósitos o contenedores especiales.

20. d) Se llama así por ser el instrumento de trabajo que lleva agua, spray y aire.

Instrumentación en la consulta odontológica. Instrumental quirúrgico, instrumental no quirúrgico. Material desechable. Limpieza, desinfección y esterilización en la consulta odontológica. Manejo de residuos en las Unidades de Salud Bucodental: clasificación, eliminación y tratamiento

1. ¿Con qué material de impresión es compatible el material de vaciado de cobre electrochapado?

a) Con siliconas.
b) Con poliésteres.
c) Con alginatos.
d) Con agares.

2. ¿Qué derivado del yeso que se emplea en odontología con materiales de impresión de tipo II por su compatibilidad, es fuerte y resistente a la abrasión y se usa para vaciados de impresión de arcadas completas, y para fabricar protectores dentales?

a) El cemento-piedra dental o tipo III.
b) El cemento-piedra de gran resistencia o tipo IV.
c) La escayola para modelos.
d) El cemento-piedra de gran resistencia/expansión o tipo V.

3. ¿A qué se denomina el momento en el que el material puede separarse de la impresión sin distorsiones ni roturas?

a) Tiempo de trabajo.
b) Tiempo de fraguado parcial.
c) Tiempo de fraguado final.
d) Tiempo de vaciado completo.

4. ¿Sobre qué material de impresión no se presentan normalmente las resinas de epoxi?

a) Sobre material de poliéster.
b) Sobre material de polisulfuros.

c) Sobre material de silicona.
d) Sobre material de agar.

5. ¿Qué metal es necesario para llevar a cabo amalgamas del mismo con otros metales?

a) Plata.
b) Mercurio.
c) Cobre.
d) Estaño.

6. ¿Cómo es purificado el mercurio para evitar impurezas en la amalgama?

a) Por condensación.
b) Por sublimación.
c) Por congelación.
d) Por desinfección.

7. ¿Qué amalgamas de mercurio empleadas en obturación son menos propensas a la corrosión?

a) Amalgamas ricas en cobre (esféricas).
b) Amalgamas ricas en plata (cúbicas).
c) Amalgamas ricas en estaño.
d) Amalgamas ricas en zinc.

8. El esterilizador de bolas se emplea esencialmente para esterilizar material e instrumental dental de:

a) Ortodoncia.
b) Periodoncia.
c) Endodoncia.
d) Prótesis.

9. ¿Qué método de esterilización es el más adecuado para las limas?

a) Autoclave.
b) Inmersión en unidad de ultrasonidos.
c) Desinfección exterior.
d) Esterilización por bolas.

10. ¿Qué instrumento de estos es propiamente de exodoncia?

a) Fórceps.
b) Periostótomo.
c) Legra.
d) Sonda periodontal.

11. ¿Qué alicates se emplean para la sujeción de alambres en ortodoncia?

a) Winter.
b) Weinghart.
c) Angle.
d) Hedström.

12. ¿A qué oscilaciones por minuto trabajan en la limpieza de instrumentos las unidades de ultrasonidos?

a) Aproximadamente 500 a 1.500 oscilaciones por segundo (Hz).
b) Aproximadamente 5.000 a 15.000 oscilaciones por segundo (Hz).
c) Aproximadamente 25.000 a 50.000 oscilaciones por segundo (Hz).
d) Aproximadamente 50.000 a 150.000 oscilaciones por segundo (Hz).

13. ¿Qué propiedad adquieren los materiales magnéticos que en presencia de un campo magnético cambian de forma y vibran?

a) Piezoelectricidad.
b) Inducción.
c) Piezoelectricidad inversa.
d) Magnetostricción.

14. ¿Cuál de los siguientes instrumentos son condensadores de amalgamas?

a) Atacadores.
b) Fresas de amalgamas.
c) Recortadores.
d) Bruñidores.

15. ¿Qué afirmación es incorrecta?

a) Cuando un objeto está esterilizado se dice que es aséptico.
b) Antes de proceder a esterilizar el material séptico o contaminado este debe ser sometido a procedimientos de limpieza para que los medios de esterilización puedan actuar correctamente.
c) En la desinfección se eliminan todos los gérmenes patógenos y no patógenos, excepto esporas.
d) Cuando se ha sometido el objeto a la esterilización se eliminan los microorganismos patógenos y además los saprofitos o no patógenos.

16. ¿De qué profesional odontológico es la función de la limpieza del equipo?

a) Es responsabilidad del odontólogo.
b) Es responsabilidad del ortodoncista.

c) Es responsabilidad del protésico dental.
d) Es responsabilidad del higienista.

17. ¿Qué procedimiento de esterilización es el más frecuente que se aplica con el material rotatorio?

a) Autoclave.
b) Horno Pasteur o Poupinel a 200 ºC.
c) Chemiclave.
d) Horno Pasteur o Poupinel a 180 ºC.

18. ¿Cada cuánto tiempo aproximadamente debe pasar una revisión de mantenimiento el sillón dental?

a) Cada 3 meses.
b) Cada 6 meses.
c) Cada año.
d) Cada dos años.

19. ¿Cómo se lleva a cabo la limpieza del instrumento de mano en clínica dental, y cómo se esteriliza?

a) Con toallita desinfectante no humedecida y se esteriliza mediante chemiclave.
b) De forma manual y se esteriliza mediante calor seco.
c) De forma manual o baños de ultrasonidos y se esteriliza mediante autoclave.
d) Con toallita desinfectante humedecida y se esteriliza mediante autoclave.

20. ¿Qué método de esterilización es por calor húmedo?

a) Flameado.
b) Incineración.
c) Horno Pasteur o Poupinel.
d) Autoclave.

En MADTEST tienes **más preguntas de este tema**, y todos tus avances quedan registrados y se reflejan en el ranking.

¡Supera tus límites con MADTEST!

Solución al test n.º 33

1. a) Con siliconas.

2. a) El cemento-piedra dental o tipo III.

3. c) Tiempo de fraguado final.

4. d) Sobre material de agar.

5. b) Mercurio.

6. a) Por condensación.

7. a) Amalgamas ricas en cobre.

8. c) Endodoncia.

9. d) Esterilización por bolas.

10. a) Fórceps.

11. b) Weinghart.

12. c) Aproximadamente 25.000 a 50.000 oscilaciones por segundo.

13. d) Magnetostricción.

14. a) Atacadores.

15. c) En la desinfección se eliminan todos los gérmenes patógenos y no patógenos, excepto esporas.

16. d) Es responsabilidad del higienista.

17. a) Autoclave.

18. b) Cada 6 meses.

19. c) De forma manual o baños de ultrasonidos y se esteriliza mediante autoclave.

20. d) Autoclave.

Riesgos profesionales en odontología. Normas de seguridad y medidas preventivas. Equipos de protección individual. Importancia de la Higiene de manos en las Unidades de Salud Bucodental

1. Las disposiciones de carácter laboral contenidas en la Ley 31/1995 y en sus normas reglamentarias tendrán en todo caso el carácter de Derecho necesario:

a) Mínimo indisponible.

b) Máximo indisponible, por lo que no tienen por qué ser mejoradas y desarrolladas en los convenios colectivos

c) Mínimo indisponible, pudiendo ser por ello mejoradas y desarrolladas en los convenios colectivos.

d) Para salir del paso, el legislativo las mejorará en caso necesario.

2. ¿Cuál es en España la normativa básica que regula en la actualidad la materia de Prevención de Riesgos Laborales?

a) Ley 31/1995, de 8 de noviembre.

b) Ley 13/1990, de 22 de abril.

c) Ley 22/2000, de 12 de diciembre.

d) Ley 14/1998, de 25 de septiembre.

3. ¿Cuál es el método de elección para proteger toda la cara en el trabajo de odontología?

a) Mascarillas quirúrgicas con visera.

b) Gafas especiales.

c) Pantallas faciales.

d) Mascarillas higiénicas con visera.

4. ¿Cuál suele ser el origen más probable de un ruido de 30 dB?

a) Ambiental.

b) Producido al conversar.

c) Ocasionado por el funcionamiento de un micromotor (pieza de mano)

d) Ninguno de los anteriores.

5. ¿A qué grupo de enfermedades profesionales pertenecen aquellas causadas por agentes biológicos, según el cuadro de enfermedades profesionales en el sistema de la Seguridad Social (Real Decreto 1299/2006)?

a) 2.
b) 3.
c) 4.
d) 6.

6. El accidente *"in itinere"* se produce:

a) Al ir de la casa del trabajador al trabajo.
b) Al volver del trabajo a la casa del trabajador.
c) Al ir de la casa del trabajador al trabajo y al volver del trabajo a la casa del trabajador.
d) Al volver del trabajo a la casa del trabajador; o bien cuando lo indique el titular de la práctica.

7. ¿Qué tipo de riesgo laboral de los siguientes es de origen físico?

a) Posturales.
b) Por vibraciones.
c) Por virus.
d) Exceso de óxido de etileno.

8. ¿Con qué concretamente está relacionado el riesgo ergonómico?

a) Con el esfuerzo físico.
b) Con el esfuerzo físico excesivo.
c) Con los esfuerzos físicos y psíquicos excesivos.
d) Con los esfuerzos físicos, psíquicos y laborales excesivos.

9. ¿Qué nervio se comprime al paso por el túnel del carpo, en el síndrome del túnel carpiano?

a) Cubital.
b) Radial.
c) Mediano.
d) Palmar.

10. Los esfuerzos repetitivos de las muñecas pueden ocasionar:

a) Tendinitis.
b) Cefaleas.
c) Lumbalgias.
d) Todo lo anterior.

11. ¿Cuál es la postura más correcta a la hora de trabajar en Odontología y con ello evitar lesiones por riesgos ergonómicos?

a) En bipedestación.
b) En sedestación (sentada).
c) En decúbito supino.
d) En decúbito prono.

12. ¿Qué riesgo en particular puede presentar más frecuentemente las cargas de peso en diferentes situaciones cuando es demasiado pesada o demasiado voluminosa?

a) Craneocervical.
b) Cervical.
c) Dorsocervical.
d) Dorsolumbar.

13. ¿En qué circunstancias el medio de trabajo no aumenta el riesgo, particularmente dorsolumbar?

a) Cuando el espacio libre, especialmente vertical, resulta insuficiente para el ejercicio de la actividad de que se trate.
b) Cuando el suelo es regular.
c) Cuando la situación o el medio de trabajo no permite al trabajador la manipulación manual de cargas a una altura segura.
d) Cuando la situación o el medio de trabajo no permite al trabajador la manipulación manual de cargas en una postura correcta.

14. ¿A qué se denomina la falta de complacencia motivada por el contenido del trabajo que se realiza?

a) Insatisfacción.
b) Baja autoestima.
c) Estar quemada profesionalmente.
d) Fatiga mental.

15. ¿Qué es falso respecto de la aireación natural en un local de trabajo?

a) Tiene el inconveniente de que dicho local está sometido a cambios bruscos de temperatura.
b) Con ella no se garantiza una temperatura más o menos constante a lo largo de todo el año.
c) En los casos de ambientes contaminados, nunca contribuyen a extender la contaminación.
d) Genera corrientes.

16. ¿A qué se denomina "es aquel en el que la producción de calor metabólico está en equilibrio con las pérdidas de calor orgánico (por convección e irradiación), las pérdidas de calor respiratorio y la transpiración insensible"?

a) Ambiente térmico fisiológico.
b) Ambiente térmico neutro.
c) Ambiente térmico físico-químico.
d) Nada de lo anterior es cierto

17. ¿Qué parámetro del sonido se mide en caso de sospecha de contaminación acústica?

a) Potencia.
b) Tono.
c) Intensidad.
d) Timbre.

18. En la iluminación artificial directa:

a) El 90-100 % del flujo de luz se dirige hacia abajo y el 0-10 % hacia arriba.
b) El 70-90 % del flujo de luz se dirige hacia abajo y el 10-30 % hacia arriba.
c) El 50-70 % del flujo de luz se dirige hacia abajo y el 30-50 % hacia arriba.
d) El 30-50 % del flujo de luz se dirige hacia abajo y el 50-70 % hacia arriba.

19. ¿En qué zonas anatómicas son frecuentes las lesiones por vibraciones en los trabajadores que emplean martillo neumático?

a) Manos.
b) Pies.
c) Brazos.
d) Rodillas.

20. ¿De qué vacunas de las que se nombran debe estar vacunado todo el personal sanitario?

a) Hepatitis B, tétanos y gripe.
b) Hepatitis A, B y C, tétanos y gripe.
c) Hepatitis B, cólera y lepra.
d) Hepatitis B, rabia y gripe.

En MADTEST tienes **más preguntas de este tema**, y todos tus avances quedan registrados y se reflejan en el ranking.

¡Supera tus límites con MADTEST!

Solución al test n.º 34

1. c) Mínimo indisponible, pudiendo ser por ello mejoradas y desarrolladas en los convenios colectivos.

2. a) Ley 31/1995, de 8 de noviembre.

3. c) Pantallas faciales.

4. a) Ambiental.

5. b) 3.

6. c) Al ir de la casa del trabajador al trabajo a al volver del trabajo a la casa del trabajador.

7. b) Por vibraciones.

8. b) Con el esfuerzo físico excesivo.

9. c) Mediano.

10. a) Tendinitis.

11. b) En sedestación.

12. d) Dorsolumbar.

13. b) Cuando el suelo es regular.

14. a) Insatisfacción.

15. c) En los casos de ambientes contaminados, nunca contribuyen a extender la contaminación.

16. b) Ambiente térmico neutro.

17. c) Intensidad.

18. a) El 90-100 % del flujo de luz se dirige hacia abajo y el 0-10 % hacia arriba.

19. a) Manos.

20. a) Hepatitis B, tétanos y gripe.

Radiología en odontología: Concepto. Tipos de radiografías bucodentales. Revelado. Métodos. Conservación y mantenimiento del equipo radiológico. Requisitos legales. Normas de protección radiológica en la consulta de odontología

1. ¿Qué debe utilizarse para minimizar la exposición del personal en radiología dental?

a) Película de baja sensibilidad.
b) Tiempo de exposición prolongado.
c) Collar tiroideo de plomo.
d) Tubo sin colimación.

2. ¿Cuál es la principal fuente de exposición a radiación para el personal en odontología?

a) La fuente de rayos X directa.
b) La radiación de fuga.
c) La radiación dispersa del paciente.
d) El suelo contaminado.

3. ¿Qué documento debe disponer obligatoriamente un centro odontológico con equipos de rayos X?

a) Manual de mantenimiento del edificio.
b) Protocolo de desinfección ambiental.
c) Programa de Protección Radiológica.
d) Informe económico anual.

4. ¿Cuál es la distancia mínima recomendada entre el operador y la fuente de radiación si no hay protección estructural?

a) 0,5 metros.
b) 1 metro.

c) 2 metros.
d) 10 metros.

5. ¿Qué personal debe estar sometido a vigilancia médica y dosimétrica?

a) Todo el personal sanitario.
b) Solo los odontólogos.
c) Trabajadores expuestos de categoría A.
d) Pacientes en tratamiento continuo.

6. ¿Qué material es más adecuado como protección estructural en salas de rayos X?

a) Vidrio.
b) Aluminio.
c) Plomo.
d) Acero inoxidable.

7. ¿Cuál es el objetivo del control dosimétrico en personal expuesto?

a) Evaluar el estado psicológico.
b) Controlar la asistencia al trabajo.
c) Medir la dosis de radiación recibida.
d) Verificar la productividad.

8. ¿Qué debe hacerse en caso de exposición accidental a una dosis elevada?

a) Continuar trabajando normalmente.
b) Cambiar de puesto sin informar.
c) Notificar al Servicio de Protección Radiológica.
d) Informar al paciente únicamente.

9. ¿Quién debe elaborar el informe de evaluación de riesgos radiológicos?

a) El jefe de personal.
b) El Servicio de Protección Radiológica.
c) El técnico de mantenimiento.
d) El odontólogo.

10. ¿Cuál de los siguientes elementos no es un equipo de protección individual en radiología?

a) Delantal plomado.
b) Gafas plomadas.
c) Mascarilla quirúrgica.
d) Protector tiroideo.

11. ¿Cuál es el límite anual de dosis efectiva para trabajadores expuestos?

a) 10 mSv.
b) 20 mSv.
c) 50 mSv.
d) 100 mSv.

12. ¿Qué debe hacerse con los equipos de rayos X al finalizar su vida útil?

a) Ser almacenados sin control.
b) Ser gestionados como residuos radiactivos si corresponde.
c) Ser vendidos libremente.
d) Desmontarlos sin protección.

13. ¿Qué forma parte de una práctica segura al tomar una radiografía intraoral?

a) Sujetar la película con la mano del profesional.
b) Usar películas sin envoltura.
c) Utilizar posicionadores de película.
d) Mantenerse junto al paciente durante la exposición.

14. ¿Qué órgano es especialmente radiosensible durante procedimientos dentales?

a) Riñón.
b) Pulmón.
c) Tiroides.
d) Estómago.

15. ¿Cuál es una práctica recomendada en salas de rayos X dentales para reducir exposición?

a) Realizar múltiples exposiciones por paciente.
b) Mantener el haz colimado y usar tiempos mínimos.
c) Utilizar solo revelado manual.
d) No utilizar protección estructural.

16. ¿Cuál de las siguientes opciones representa uno de los principios fundamentales de la protección radiológica?

a) Justificación.
b) Optimización.
c) Limitación de dosis.
d) Todas las anteriores.

17. ¿Qué indica el principio ALARA en radioprotección?

a) Reducir la dosis por debajo del umbral de detección.
b) Usar solo equipos modernos.
c) Minimizar la dosis de radiación razonablemente posible.
d) Aplicar tratamientos sólo en menores de edad.

18. Los principios de la protección radiológica son:

a) Mantener el tiempo de exposición a la radiación tan corto como sea posible. Maximizar la distancia. Maximizar/optimizar el blindaje.
b) Minimizar el tiempo. Mantener la distancia tan lejos como sea posible entre la fuente de radiación y la persona expuesta. Maximizar/optimizar el blindaje.
c) Maximizar/optimizar el blindaje. Minimizar el tiempo. Maximizar la distancia.
d) Todas las respuestas anteriores son ciertas.

19. ¿Cuál de los siguientes es un principio general de protección radiológica de la Comisión Internacional de Protección Radiológica?

a) Distancia.
b) Tiempo.
c) Blindaje.
d) Limitación.

20. ¿Cuál de las siguientes afirmaciones sobre la clasificación de trabajadores expuestos es correcta?

a) La categoría A incluye a los trabajadores que reciben más de 1 mSv al año.
b) La categoría B incluye a trabajadores con más de 6 mSv al año.
c) La categoría A incluye a trabajadores que pueden recibir más de 6 mSv al año.
d) Ambas categorías reciben la misma vigilancia.

En MADTEST tienes **más preguntas de este tema**, y todos tus avances quedan registrados y se reflejan en el ranking.

¡Supera tus límites con MADTEST!

Solución al test n.º 35

1. c) Collar tiroideo de plomo.

2. c) La radiación dispersa del paciente.

3. c) Programa de Protección Radiológica.

4. c) 2 metros.

5. c) Trabajadores expuestos de categoría A.

6. c) Plomo.

7. c) Medir la dosis de radiación recibida.

8. c) Notificar al Servicio de Protección Radiológica.

9. b) El Servicio de Protección Radiológica.

10. c) Mascarilla quirúrgica.

11. b) 20 mSv.

12. b) Ser gestionados como residuos radiactivos si corresponde.

13. c) Utilizar posicionadores de película.

14. c) Tiroides.

15. b) Mantener el haz colimado y usar tiempos mínimos.

16. d) Todas las anteriores.

17. c) Minimizar la dosis de radiación razonablemente posible.

18. d) Todas las respuestas anteriores son ciertas.

19. d) Limitación.

20. c) La categoría A incluye a trabajadores que pueden recibir más de 6 mSv al año.

Primeros auxilios en las Unidades de Salud Bucodental. Papel del higienista dental. Soporte vital básico (SVB)

1. ¿Cuál es la maniobra inicial recomendada ante una lipotimia en la consulta dental?

a) Administrar oxígeno y suero inmediatamente.
b) Sentar al paciente con la cabeza entre las piernas.
c) Colocar al paciente en decúbito supino y elevar las piernas.
d) Aplicar una descarga eléctrica con un desfibrilador.

2. ¿Qué síntoma inicial puede indicar una crisis suprarrenal aguda?

a) Hiperventilación.
b) Mareo y sudoración.
c) Náuseas y confusión mental.
d) Cefalea intensa unilateral.

3. ¿Cuál es la medida prioritaria ante un síncope prolongado en el sillón odontológico?

a) Colocar una vía venosa.
b) Realizar masaje cardíaco.
c) Verificar signos vitales y mantener vía aérea permeable.
d) Administrar adrenalina intramuscular.

4. ¿Qué intervención es adecuada en una reacción alérgica leve por anestésico local?

a) Administrar adrenalina intramuscular.
b) Iniciar masaje cardíaco.
c) Aplicar antihistamínico según prescripción.
d) Realizar traqueotomía.

5. ¿Qué situación requiere actuación inmediata con adrenalina intramuscular?

a) Crisis de ansiedad.
b) Lipotimia simple.
c) Reacción anafiláctica grave.
d) Hipo leve.

6. ¿Cuál es un signo precoz de accidente cerebrovascular?

a) Disnea intensa.
b) Visión borrosa unilateral.
c) Náuseas tras comidas.
d) Hipo persistente.

7. ¿Qué actuación corresponde ante una crisis de ansiedad en consulta?

a) Administrar glucosa oral.
b) Retirar al paciente del entorno estresante y favorecer respiración controlada.
c) Realizar ECG.
d) Inducir el vómito.

8. ¿Qué característica diferencia al síncope del accidente cerebrovascular?

a) Ambos tienen pérdida de conciencia prolongada.
b) El ACV produce déficit neurológico focal y no siempre pérdida de conciencia.
c) El síncope cursa con rigidez muscular.
d) El ACV no requiere atención urgente.

9. ¿Qué posición es adecuada para un paciente con dificultad respiratoria súbita por alergia?

a) Decúbito supino con piernas elevadas.
b) Trendelemburg.
c) Posición de Fowler o semifowler.
d) Posición de Sims.

10. ¿Qué efecto adverso puede aparecer tras administración de anestesia local con vasoconstrictor en pacientes con antecedentes cardiovasculares?

a) Bradicardia sinusal.
b) Hipotermia.
c) Taquicardia y aumento de la presión arterial.
d) Sudoración fría.

11. ¿Qué actuación es prioritaria ante una hemorragia bucal abundante tras una extracción dental?

a) Aplicar frío local en el cuello.
b) Enjuagar con solución salina.
c) Comprimir la zona con una gasa estéril.
d) Administrar antibiótico tópico.

12. ¿Cuál es la actuación del Higienista ante una sospecha de hipoglucemia en un paciente consciente?

a) Administrar agua a temperatura ambiente.
b) Aplicar hielo en la frente.
c) Ofrecer una bebida azucarada por vía oral.
d) Colocar en posición lateral de seguridad.

13. ¿Qué equipo debe estar disponible en la consulta dental para actuar ante una parada cardiorrespiratoria?

a) Estetoscopio y glucómetro.
b) Tensiómetro automático.
c) Maletín de emergencias con desfibrilador semiautomático (DEA).
d) Termómetro de infrarrojos.

14. ¿Cuál es la principal intervención ante un paciente con sospecha de ACV agudo?

a) Administrar ibuprofeno oral.
b) Colocar en posición de Trendelenburg.
c) Activar inmediatamente el 112.
d) Ofrecer agua con azúcar.

15. ¿Qué maniobra inicial debe realizarse ante un atragantamiento con tos efectiva?

a) Maniobra de Heimlich.
b) Golpes interescapulares.
c) Observar y animar a continuar tosiendo.
d) Compresión torácica.

16. ¿Qué actuación NO corresponde al Higienista durante una crisis epiléptica generalizada?

a) Retirar objetos cercanos al paciente.
b) Proteger la cabeza del paciente.
c) Sujetar con fuerza para evitar movimientos.
d) Controlar el tiempo de duración de la crisis.

17. ¿Qué debe hacer el Higienista tras finalizar una crisis convulsiva si el paciente está inconsciente pero respira?

a) Colocarlo en posición lateral de seguridad.
b) Administrar una bebida dulce.
c) Iniciar masaje cardíaco.
d) Posicionarlo sentado.

18. ¿Qué se debe evitar en todo caso ante una reacción alérgica grave con dificultad respiratoria?

a) Administración de adrenalina.
b) Colocar al paciente en Fowler.
c) Esperar sin actuar a que mejore espontáneamente.
d) Llamar al 112.

19. ¿Qué indica la presencia de estridor laríngeo tras la exposición a un alergeno?

a) Hipoglucemia.
b) Edema de glotis.
c) Crisis hipertensiva.
d) Bradicardia vagal.

20. ¿Qué signo puede advertir de una parada cardiorrespiratoria inminente?

a) Disnea progresiva, bradicardia y pérdida de conciencia.
b) Taquipnea con tos productiva.
c) Dolor dental irradiado al oído.
d) Sudoración leve postural.

En MADTEST tienes **más preguntas de este tema**, y todos tus avances quedan registrados y se reflejan en el ranking.

¡Supera tus límites con MADTEST!

Solución al test n.º 36

1. c) Colocar al paciente en decúbito supino y elevar las piernas.

2. c) Náuseas y confusión mental.

3. c) Verificar signos vitales y mantener vía aérea permeable.

4. c) Aplicar antihistamínico según prescripción.

5. c) Reacción anafiláctica grave.

6. b) Visión borrosa unilateral.

7. b) Retirar al paciente del entorno estresante y favorecer respiración controlada.

8. b) El ACV produce déficit neurológico focal y no siempre pérdida de conciencia.

9. c) Posición de Fowler o semifowler.

10. c) Taquicardia y aumento de la presión arterial.

11. c) Comprimir la zona con una gasa estéril.

12. c) Ofrecer una bebida azucarada por vía oral.

13. c) Maletín de emergencias con desfibrilador semiautomático (DEA).

14. c) Activar inmediatamente el 112.

15. c) Observar y animar a continuar tosiendo.

16. c) Sujetar con fuerza para evitar movimientos.

17. a) Colocarlo en posición lateral de seguridad.

18. c) Esperar sin actuar a que mejore espontáneamente.

19. b) Edema de glotis.

20. a) Disnea progresiva, bradicardia y pérdida de conciencia.

TEST N.º 37

Comunicación con el paciente. Recepción. El paciente en la consulta dental, actitud ante el paciente ansioso y/o poco colaborador. Manejo de la conducta en odontopediatría

1. En comunicación, ¿a qué se aplica el término destino?

a) Se aplica a la fuente.
b) Se aplica al emisor.
c) Se aplica al receptor.
d) Se aplica al canal.

2. En comunicación, ¿cómo se denomina al individuo que habla, gesticula, escribe, pinta, etc.?

a) Mensajero.
b) Fuente.
c) Receptor.
d) Destino.

3. ¿Cómo se considera la contaminación acústica en comunicación?

a) Se considera un ruido químico.
b) Se considera un ruido psíquico.
c) Se considera un ruido físico.
d) Se considera un ruido arcaico.

4. Una persona desmotivada como receptora en una comunicación sufre:

a) Un ruido físico.
b) Un ruido psíquico.
c) Un ruido fisiológico.
d) De apatía.

5. ¿Qué término en comunicación nos indica cómo se ha establecido el mensaje entre emisor y receptor, permitiendo ir viendo que se asimila bien el mismo y se comprende lo que se quiere transmitir?

a) Codificación.
b) Retroalimentación.
c) Decodificación.
d) Inventario.

6. ¿Cómo designarías a la comunicación que emplea de código dibujos?

a) Comunicación lingüística escrita.
b) Comunicación lingüística visual.
c) Comunicación no lingüística visual.
d) Comunicación no lingüística gestual.

7. ¿Cómo se denomina la comunicación que emite un mensaje por parte del emisor que llega al receptor, consiguiendo que este ejecute una tarea o una función?

a) Comunicación horizontal.
b) Comunicación diagonal.
c) Comunicación vertical.
d) Comunicación triangular.

8. ¿Qué porcentaje de la comunicación es no lingüística?

a) 15 %.
b) 25 %.
c) 50 %.
d) 75 %.

9. ¿Cómo se denomina la comunicación donde la fuente emisora emite un mensaje que es recibido por el receptor consiguiendo la participación de este y la emisión de un nuevo mensaje?

a) Comunicación horizontal.
b) Comunicación diagonal.
c) Comunicación vertical.
d) Comunicación participativa.

10. Para que el proceso de comunicarse el paciente con su interlocutor sea de importancia, la comunicación debe ser:

a) Unidireccional, interactiva y comprensiva.
b) Unidireccional, pasiva y comprensiva por parte del usuario.

c) Bidireccional, interactiva y comprensiva.
d) Bidireccional, pasiva y comprensiva por parte del usuario.

11. ¿Qué prioridad debe tener el odontólogo en su relación con el paciente?

a) Escuchar lo que dice.
b) Decirle continuamente cuestiones técnicas, para que esté informado.
c) Decir cosas en general al paciente, para tranquilizarlo.
d) Pedirle su colaboración.

12. ¿Qué porcentaje de la comunicación se emplea en cómo se dice?

a) 10 %.
b) 20 %.
c) 30 %.
d) 40 %.

13. ¿Con qué se corresponden los gestos y posturas dentro de la comunicación?

a) Se corresponde con el lenguaje verbal.
b) Se corresponde con el convencimiento verbal.
c) Se corresponde con el mensaje.
d) Se corresponde con el lenguaje corporal.

14. ¿A qué se denomina el proceso mediante el cual las personas interpretan y organizan la información con la finalidad de darle significado y comprensión a su mundo?

a) Sensación.
b) Percepción.
c) Racionalidad.
d) Acción.

15. Todo lo que se expone del hecho de oír es cierto, excepto lo que se expone distinto que es una cualidad de escuchar:

a) Es una propiedad que proviene del hecho de poseer sentido del oído.
b) Es una habilidad, que aunque es natural, debe ser desarrollada.
c) Es una acción refleja.
d) Es un comportamiento deliberado con el cual nacemos casi todos.

16. ¿Cómo se dice que es una relación interpersonal si se desarrolla en un régimen de igualdad?

a) Se dice que es de compañerismo.
b) Se dice que es equilibrada.

c) Se dice que es empática.
d) Son ciertas las respuestas b) y c).

17. Una relación interpersonal es saludable cuando existe:

a) Compasión, comprensión y sabiduría.
b) Autenticidad, desconfianza y respetabilidad.
c) Satisfacción, empatía y compañerismo.
d) Efectividad, empatía y compañerismo.

18. ¿Qué término se aplica cuando en una relación interpersonal no se consigue lo que se esperaba?

a) Enojo.
b) Frustración.
c) Agresividad.
d) Deserción.

19. ¿En qué pilares ha de basarse la relación interpersonal?

a) Compromiso, objetivo común y desinterés.
b) Sinceridad, confianza y respeto.
c) Cooperación, dominación y aislamiento.
d) Confianza, creatividad, compromisos renovados y respeto mutuo.

20. ¿A qué se denomina la capacidad para entender los problemas y sentimientos del paciente, tanto mediante comunicación verbal, como no verbal?

a) Catarsis.
b) Empatía.
c) Asertividad.
d) Calidez.

En MADTEST tienes **más preguntas de este tema**, y todos tus avances quedan registrados y se reflejan en el ranking.

¡Supera tus límites con MADTEST!

Solución al test n.º 37

1. c) Se aplica al receptor.

2. b) Fuente.

3. c) Se considera un ruido físico.

4. b) Un ruido psíquico.

5. b) Retroalimentación.

6. c) Comunicación no lingüística visual.

7. a) Comunicación horizontal.

8. d) 75 %.

9. d) Comunicación participativa.

10. c) Bidireccional, interactiva y comprensiva.

11. a) Escuchar lo que dice.

12. d) 40 %.

13. d) Se corresponde con el lenguaje corporal.

14. b) Percepción.

15. b) Es una habilidad, que aunque es natural, debe ser desarrollada.

16. a) Se dice que es de compañerismo.

17. a) Compasión, comprensión y sabiduría.

18. b) Frustración.

19. b) Sinceridad, confianza y respeto.

20. b) Empatía.

Cómo acceder al Curso

Higienista Dental
Test del temario

El uso de los códigos **es exclusivo de los compradores de los productos de Editorial MAD**. Cada producto posee un código único y de un solo uso. Es personal e intransferible y da acceso a servicios y contenidos adicionales. Editorial MAD se reserva el derecho de hacer cuantas comprobaciones sean necesarias para identificar al legítimo poseedor del código y dejar de dar servicio a quien haga uso fraudulento del mismo, además de emprender cuantas acciones legales estime oportunas según la legislación vigente.

Deberás acceder a:

mad.es/registro-campus

Si una vez aceptadas las condiciones de uso del Campus decides hacer uso del mismo, necesitarás del siguiente código de acceso junto con los códigos del resto de títulos que se exigen (si fuera el caso):

KHRCLQ8FMG